こども りょうりの ことば 絵じてん

三省堂編修所 編

三省堂

はじめに

近年、保育園・幼稚園や小学校では、食育が重視されるようになっています。その背景には、偏った栄養摂取による「偏食」、朝ごはんをきちんと食べない「欠食」、ひとりで食事をする「孤食」など、食事に関する問題が深刻になってきている事情があります。子どもの頃に身についた食習慣は、大人になってからではなかなか改められないという指摘もあり、成長期の子どもに対する食育は、子どもたちが生涯にわたって健やかに生きてゆくことができるよう、その基礎を作るために行われるものなのです。

食べることは、まさに生活の基礎中の基礎です。

同時に食は、「食文化」ということばが示しているように、もっとも基層的な文化でもあります。それゆえに、食や料理に関することばは、人の暮らしのなかでも、いちばん日常的で基層的なことばであるといえるでしょう。この日常的で基層的なことばを豊かにすることは、子どもたちの語彙を豊かにするうえでも、きわめて重要だと思われます。語彙の豊かさとは、知っていることばの数の多さだけで決まるものではありません。一語一語のことばをいかに自分なりに深く認識し、自在に使えるかという質的な面が伴って、はじめて総合的な意味で豊かな語彙の獲得が実現できたといえると思われます。

そのような意味で、食や料理に関することばを幼いうちからしっかり身につけ、同時に、食に関する正しい知識と望ましい食習慣を身につけることは、低年齢層の子どもたちにとっての基本的な学びであるといえるでしょう。

それに、何より大切なことは、料理をすることも食事をすることも、とても楽しい営みだということです。親子で会話をしながら料理をして、それを家族みんなで団欒しつつ食べることは、人が生きてゆくうえでの、単純ではあっても、いちばん基本的な幸せの形ではないでしょうか。

この「こどもりょうりのことば絵じてん」が、そんな楽しい学びのために活用されることを願っています。

三省堂編修所

この絵じてんの特長と使いかた

タイトル
そのページで取り上げたテーマを示しています。

リード文
テーマに対して、子どもが感じることや、疑問に思うことをまとめました。

いためる・いる

ちゅうかりょうりを たべに いったら おおきな なべを ふって チャーハン《ちゃーはん》を いためている ところが みえたよ。

26

あぶらを ひいて、ざいりょうを かきまぜながら ひを とおすことを 「いためる」と いいます。

いためて つくる りょうりを 「いためもの」と いう。

いろいろな いためもの

チャーハン《ちゃーはん》

えびチリ《ちり》

やさいいため

にらたま

チャンプルー《ちゃんぷるー》

ざいりょうを なべや フライパン《ふらいぱん》に いれて ひに かけ、すいぶんを なくすことを 「いる」と いいます。

やく・いためる・いるの ちがい

やく

1 料理に関することばを動作や材料ごとに章を分けて紹介

食事のマナーから、調理の動作、材料など、さまざまな分野を章ごとにまとめて取り上げています。

2 絵本感覚で読める楽しいイラスト

イラストをメインに構成しているので、初めて料理に触れる子どもも、楽しみながら読むことができます。

3 本文はすべてひらがな

幼児の「読んでみたい」という気持ちに応えられるよう、子ども向けの部分はすべてひらがなで表記しています。

おうちのかたへ

各テーマの内容について、子どもが疑問に思うであろう事柄や本文で説明できなかった事柄への補足説明など、大人向けの情報をまとめました。

料理に関係することばを紹介

各分野で、子どもがはじめて出会うであろうことばや、使い分けが難しいことばを、イラストとともに解説しています。

4 見開き単位の構成でどこからでも読める

1テーマ1見開きで構成しているので、子どもが興味を持ったどのテーマからでも読むことができます。

子どもの興味を広げるコラム

「つくってみよう」では、子ども向けの簡単なレシピを紹介しています。料理に興味を持った子どもたちの「つくってみたい」という気持ちを後押しします。

もくじ

1 おいしく たべよう

みんなで ごはんを たべよう。
ぼくも わたしも
おてつだいするよ。

いただきます・ごちそうさま

ごはんを たべる まえと
たべた あとは、
きちんと
あいさつを しよう。

ごはんを たべはじめる まえに、
「いただきます」と あいさつします。
ごはんを たべおわったら、
「ごちそうさまでした」と あいさつします。

いただきます

ごちそうさまでした

みんなで たのしく ごはんを たべよう

ごはんを たべるときには、
まもらなくては いけない やくそくが あります。
やくそくを まもって、
みんなで たのしく
おいしい ごはんを たべましょう。

のこさず たべる

すききらいせずに
たべよう。

よく かんで たべる

りょうりを しっかり
あじわおう。

しょっきを きちんと もつ

はしや ちゃわんを、
ただしく もとう。

おうちのかたへ

「いただきます」の語源は、頭にものをのせることを意味する「頂く」。身分の高い人や神仏からものをもらう際、頭上に捧げる動作をしたことから、「いただく」に「もらう、食べる」という意味が加わりました。

「ごちそうさま」は、「馬を走らせる」意味の「馳走」からできたことばで、もてなすために走りまわる意味を経て、おもに食事を用意してくれた人への感謝を表します。

家族で食卓を囲むことのできるちゃぶ台の普及に伴って、こうした挨拶が定着したといわれています。挨拶の際に合掌するかどうかは、家庭による違いや地域差があるようです。

げんきな からだを つくる ごはん

はやく おきて
あさごはんを たべよう。
きもちの いい
いちにちが はじまるよ。

まいにち げんきに
すごすためには、
きそくただしく
せいかつすることが
たいせつです。

はやおき

あさは はやく
おきよう。

あさごはん

あさごはんは いちにちの
げんきの もと。

はやね

よるは はやく
ねよう。

もし あさごはんを たべなかったら

あさごはんを たべないと
あたまが
ぼうっとしたり
つかれやすくなったり
します。

いちにち３しょく バランス《ばらんす》よく

あさごはん

ひるごはん

ひるごはんを たべて、ごごも げんきに べんきょうや うんどうを しよう。

ゆうごはん

ゆうごはんは ねる 2じかん まえまでに すませよう。

おやつ

おやつを たべすぎると ごはんが おいしく たべられなく なってしまいます。おやつは ゆうごはんの 2〜3じかん まえまでに たべましょう。

おうちのかたへ

子どもは成長のために多くのエネルギーを必要としています。とくに大切なのが、朝食です。内臓や筋肉、脳などを目覚めさせ、午前中からしっかり活動できるようにするためには、朝の栄養補給や「かむ」ことによる刺激が必要です。

成長がはやいため多くのエネルギーや栄養素を必要とする幼児期の子どもですが、胃が小さく消化機能も未熟であるため、3回の食事だけでは十分な量の栄養を取ることができません。おやつは、幼児期にとって、必要な栄養を補うための「補食」にあたります。カルシウムやビタミン、食物繊維など、食事で不足しがちな栄養素を含んだ食品を取り入れるとよいでしょう。

ごはんの じゅんびと あとかたづけ

ごはんを たべる まえと たべた あとに おてつだいを しよう。

ごはんを たべる まえに じゅんびを しましょう。 どんな おてつだいを したら いいのか、 おうちの ひとに きいてみましょう。

しょっきを ならべる

てを あらう

ごはんを よそう

テーブル《てーぶる》を ふく

りょうりを はこぶ

つかった しょっきを
かたづけるまでが
しょくじです。
たべた あとに みんなで
きょうりょくして、
きれいに
かたづけましょう。

しょっきを あらう

しょっきを はこぶ

しょっきを ふく

みずに つける

ふいた しょっきを しまう

おうちの かたへ

子どもには、できる範囲で食事の準備や後片づけを手伝わせてみましょう。簡単なことでかまいません。大切なのは、子ども自身がやってみることです。

多くの子どもにとって、おいしいごはんが出てくることや、食べたあと、食卓がきれいに片づけられることは日常です。お手伝いを通して、毎日ごはんを作ってくれる人への感謝の気持ちがめばえたり、後片づけをすることの大変さを感じたりすることができます。また、お手伝いをした達成感や充実感は、役に立てた喜びを感じさせるとともに、「おいしく食べる」ことにもつながっていくでしょう。

にほんの しょくじと マナー《まなー》

みんなが きもちよく
ごはんを たべるために
どんなことに きを つけたら
いいかな。

にほんの しょくじは、「しゅしょく」「しゅさい」「ふくさい」「しるもの」を くみあわせて つくります。

しょくじの ならべかた

しゅさい
みぎおくに おく。
さかなは あたまを ひだりに むける。

しるもの
みぎの てまえに おく。

くちを つけるほうを はしおきに おく。

ふくさい
ひだりや まんなかに おく。

しゅしょく
ひだりの てまえに おく。

このような くみあわせを「いちじゅうさんさい」と いう。

しょくじに かんけいする ことば

しゅしょく

しょくじの ちゅうしんに なる たべもの。ごはんや パン《ぱん》、めんなど。

めん

パン《ぱん》

しゅさい

にくや さかなを つかった りょうり。

さしみ

ハンバーグ《はんばーぐ》

ふくさい

しゅさいの ほかに そえて だす りょうり。

おひたし

サラダ《さらだ》

しるもの

みそしるや スープ《すーぷ》、おすいものなど。

スープ《すーぷ》

おすいもの

しょくじの ときに きを つけること

すききらいせず
いろいろなものを
たべよう。

ただしい
しせいで
たべよう。

たべているあいだは
すわっていよう。

じぶんの
たべられる
ぶんだけを
とろう。

ゆっくり
おちついて たべよう。

おとを たてて
のまないように
しよう。

たべものを
くちに
いれたら
おしゃべり
しない。

しょっきの
つかいかたに
きを つけよう。
（→42・44ページ）

おうちのかたへ

食事のマナーは、国や地域によって異なりますが、「一緒にいる人と楽しく食事をするための作法」であることは共通しています。ただし、小さな決まりごとにこだわりすぎると、食事が楽しくなくなってしまうこともあります。年齢やできることに応じて、少しずつ教えていきましょう。

和食では、主食と汁もの、複数のおかずが同時に並べられます。和食の基本といわれる「一汁三菜」は、本来、汁もの一品と、主菜（タンパク質を含む食品）、副菜二品（主菜の栄養を補う野菜や豆、きのこなどを使った料理）のこと。さまざまな食材を使う、栄養バランスのすぐれた組み合わせです。

えいようを しっかり とろう

たべものには からだに ひつような
えいようが はいっているよ。
すききらいを しないで
なんでも たべよう。

たべものには いろいろな
はたらきが あります。

**からだを うごかす
ちからに なる**

**ほねや は、
きんにくを つくる**

**びょうきに まけない
からだを つくる**

しょくもつアレルギー《あれるぎー》って なに？

きまった たべものを たべると からだが かゆくなったり いきが くるしくなったり することが あります。
これが 「しょくもつアレルギー《あれるぎー》」です。
しょくもつアレルギー《あれるぎー》で たべられないものが ある ひとも います。

オムライス《おむらいす》を たべると

アレルギー《あれるぎー》の ない ひと

たまごアレルギー《あれるぎー》の ある ひと

オムライス《おむらいす》に たまごが つかわれて いるよ。

しょくもつアレルギー《あれるぎー》の もとに なることが ある たべもの

たまご

こむぎ

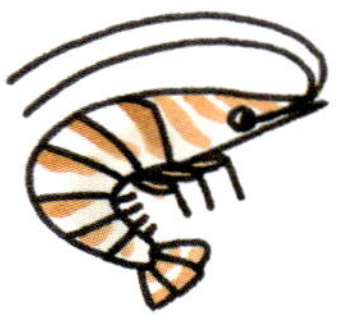
えび

らっかせい

そば

かに

ぎゅうにゅう・にゅうせいひん

このほかにも、いろいろな たべものが しょくもつアレルギー《あれるぎー》の もとに なることが あります。

おうちの かたへ

タンパク質、糖質、脂質、ビタミン、ミネラルを「五大栄養素」といいます。五大栄養素以外にも、食品にはさまざまな成分が含まれていて、それらが体内で相互に作用し合うため、特定の食品に偏らず、バランスよく食べることが大切です。

19ページで示した7品目は特定原材料といい、アレルギー物質を含む食品として、加工食品に表示が義務づけられています。このほかにも、大豆や鶏肉、バナナなどの20品目が特定原材料に準じるものとされています。子どもの食物アレルギーは成長に伴って改善されることもあります。自己判断は避け、医師の指示に従って対処しましょう。

つくって みよう

サラダ《さらだ》

ちぎって まぜて、おいしい サラダ《さらだ》を つくってみよう。

ざいりょう

（4 にんぶん）
レタス《れたす》…6 まい
ミニトマト《みにとまと》…8 こ
スライスチーズ《すらいすちーず》…4 まい
ハム《はむ》…4 まい

つかう どうぐ

ざる
ボウル《ぼうる》
スプーン《すぷーん》
うつわ

① レタス《れたす》と トマト《とまと》を みずで あらう。レタス《れたす》を いれた ざるを ふって みずけを きる。

② レタス《れたす》、チーズ《ちーず》、ハム《はむ》を ひとくちだいに ちぎって ボウル《ぼうる》に いれる。トマト《とまと》の へたを とる。

③ スプーン《すぷーん》を つかい、ボウル《ぼうる》の なかで まぜる。

④ うつわに もりつける。

できあがり

ドレッシング《どれっしんぐ》や マヨネーズ《まよねーず》を かけて たべよう。

ブロッコリー《ぶろっこりー》や きゅうり、とうもろこし、ゆでたまごなどを いれても おいしいよ。

2 いろいろな りょうり

チャーハン《ちゃーはん》
おいしそうだね。
はやく たべたいな。

りょうりの いろいろな ほうほう

いろいろな りょうりの
しかたが あるね。
みんな おいしそうだな。

ひを つかった りょうりの ほうほう

やく（↓24ページ）

ステーキ《すてーき》

やきざかな

いためる（↓26ページ）

チャーハン《ちゃーはん》

やさいいため

あぶる（↓25ページ）

やきのり

いる（↓27ページ）

いりたまご

あげる（↓28ページ）

てんぷら

からあげ

しる・ゆを つかった りょうりの ほうほう

にる
(→30ページ)

にくじゃが

おでん

ゆでる
(→32ページ)

えだまめ

むす
(→34ページ)

しゅうまい

ひを つかわない りょうりの ほうほう

つける
(→36ページ)

つけもの

ひたす
(→36ページ)

おひたし

あえる
(→36ページ)

ごまあえ

まぜる
(→36ページ)

まぜごはん

おうちのかたへ

食材に熱を加えるのは、食材を人の体で無理なく消化できるようにしたり、殺菌して安全に食べられるようにしたりするためです。効率よく火を通し、さらにおいしさも高めることができるよう、いろいろな加熱方法が工夫されてきました。ここには示していませんが、電子レンジで効率よく加熱する方法もあります。また、おいしさのポイントとなる味つけのしかたにも、多くの方法があります。

火を使わない方法として4つの調理法をあげていますが、「浸す」「和える」「混ぜる」料理では下ゆでなどの作業で火を使うこともあります。

やく

だいどころで おかあさんが
さかなを やいているよ。
いい においが してきたね。

たべものに ひを あてて
ねつを とおすことを
「やく」と いいます。

いろいろな やく ほうほう

フライパン《ふらいぱん》で やく

ハンバーグ《はんばーぐ》

オーブン《おーぶん》で やく

グラタン《ぐらたん》

てっぱんで やく

おこのみやき

グリル《ぐりる》で やく

やきざかな

やきあみで やく

もち

じかに やく

すみびやき

いろいろな やきかた

しおやき

さかななどに しおを
つけて やく。

てりやき

たれに つけたり
たれを ぬったり
して やく。

かばやき

さかなの みに
くしを うつなどして、
あまからい たれを
つけて やく。

ソテー《そてー》

あぶらを すこしだけ
つかって やく。

ムニエル《むにえる》

さかなに こむぎこを
つけて バター《ばたー》で
やく。

ロースト《ろーすと》

にくなどを
オーブン《おーぶん》で やく。

あぶる

ざいりょうを ちょくせつ
ひに あてて
かるく やくことを
「あぶる」と いいます。

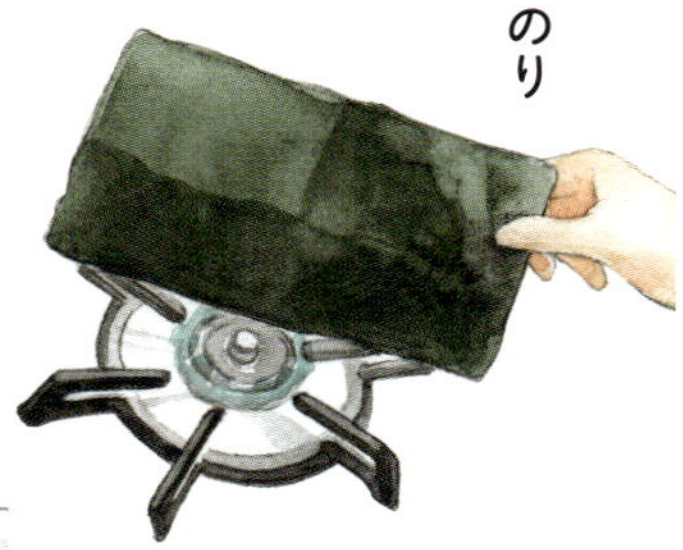

あぶった のりを
もちに まいて
たべると おいしい。

おうちのかたへ

食品を焼くと、表面にこんがりと焼き色（焦げめ）がつきます。これは、食品に含まれる糖とアミノ酸が結びつくためです。このときにさまざまな香り物質も作られるので、軽く焦がした食品には香ばしい香りも加わり、風味や色調により食欲を増進する効果が生まれます。

また、肉や魚などに多く含まれるタンパク質は、加熱によってかたまります。ステーキを焼くとき、最初に強火で焼くのは、肉の表面をかため、うまみが豊富な肉汁を閉じ込めるためです。

さらに、焼くことで食材の水分が蒸発したり、脂肪が流れ出したりするため、表面にカリッとした食感も生まれます。

いためる・いる

ちゅうかりょうりを たべに いったら
おおきな なべを ふって
チャーハン《ちゃーはん》を いためている
ところが みえたよ。

あぶらを ひいて、
ざいりょうを かきまぜながら
ひを とおすことを
「いためる」と いいます。

いためて つくる
りょうりを
「いためもの」と いう。

いろいろな いためもの

チャーハン《ちゃーはん》

やさいいため

えびチリ《ちり》

チャンプルー《ちゃんぷるー》

にらたま

ざいりょうを なべや フライパン《ふらいぱん》に いれて ひに かけ、すいぶんを なくすことを「いる」と いいます。

ざいりょうを いる

ごまを いる

いりごま

ひきにくを いる

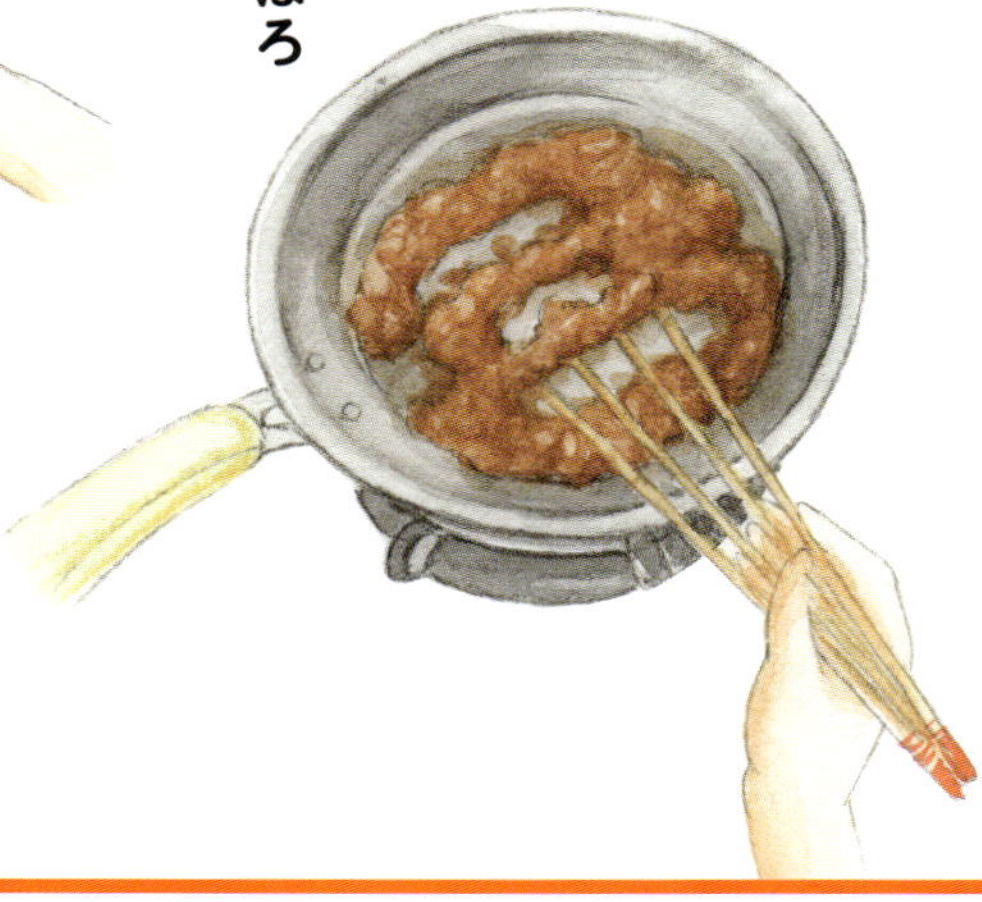

そぼろ

たまごを いる

いりたまご

やく・いためる・いるの ちがい

やく

たべものに ひを あてて ねつを とおして たべられるように すること。

いためる

ざいりょうを かきまぜながら ひを とおすこと。

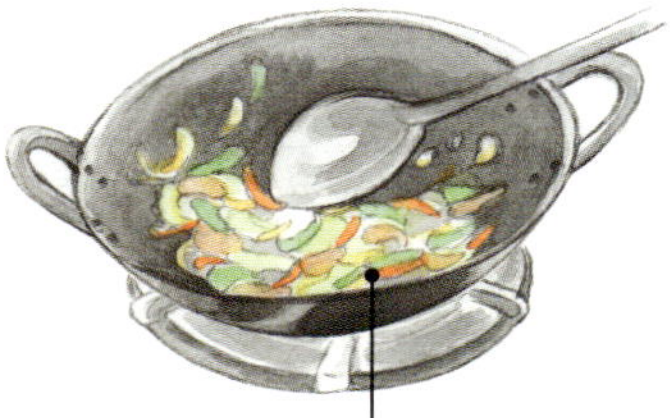
あぶらを ひく

いる

ざいりょうを ひに かけ すいぶんを なくすこと。

あぶらを つかわない ことが おおい

おうちの かたへ

「炒める」と「焼く」は似ていますが、「焼く」場合は食材にじっくり火を通すのに対し、「炒める」場合の多くは、食材を動かしながら高温・短時間で加熱します。炒める際に油を使うのは、食材がフライパンにくっつくのを防ぎ、料理にうまみやコクを加えるためです。さらに、高温の油を行きわたらせることで、鍋底の温度を均一にする効果もあります。

「炒る」場合は、弱めの火加減でかき混ぜながら加熱します。油は引かないことが多く、なかでもまったく油を使わない炒り方を「から炒り」といいます。食材の水分を飛ばしたり、ほどよい焦げめをつけて香ばしさを加えたりするための方法です。

あげる

てんぷらや フライ《ふらい》は
どうして さくさくしているのかな。
おとうさんに きいたら
ころもに ひみつが あるんだって。

ねっした あぶらの なかに
ざいりょうを いれて
ひを とおすことを
「あげる」と いいます。

あぶらで あげて つくる
りょうりを 「あげもの」と いう。

あげものに つける ころも

ざいりょうに つけたり
つつんだりするものを
「ころも」と いいます。
てんぷらや フライ《ふらい》が
さくさくしているのは
ころもを つけて
あげているからです。

ころもの
ざいりょうには
こむぎこや かたくりこ、
パン《ぱん》こなどが ある。

あげものを しているときは

あげものを している
なべの ちかくに いると、
あつい あぶらが はねて
やけどを することが あります。
あぶないので
ちかづかないように
しましょう。

いろいろな あげもの

てんぷら

みずで といた
こむぎこを
ころもにして
あげる。

かきあげ

こまかい ざいりょうを
てんぷらと おなじ
ころもで
まとめて あげる。

あげだま

てんぷらを あげるときに
ころもが ちって できる
ちいさな あげかす。
「てんかす」とも いう。

からあげ

ざいりょうに こむぎこや
かたくりこを まぶして
あげる。

たつたあげ

しょうゆと みりんなどで
あじを つけた ざいりょうに
かたくりこを まぶして
あげる。

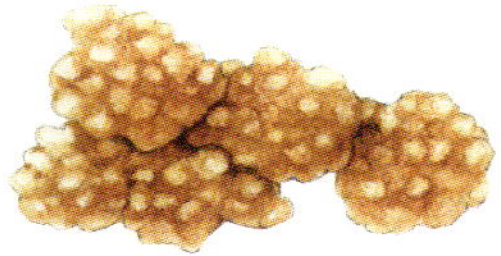

すあげ

ころもを つけずに
そのまま あげる。

カツ《かつ》

にくに パン《ぱん》こを
つけて あげる。

フライ《ふらい》

さかなや やさいに
パン《ぱん》こを つけて
あげる。

コロッケ《ころっけ》

つぶした じゃがいもに
にくや やさいを まぜ、
パン《ぱん》こを つけて
あげる。

おうちのかたへ

揚げものをする際、食材にまぶしたりからめたりするものを「ころも（衣）」といいます。衣の役割は、食材の水分やうまみを閉じ込めることと、さくさくした食感や香ばしさを加えることです。小麦粉やパン粉などいろいろな材料が衣になります。油の温度が高いほど表面が焦げやすくなるので、表面にさっと揚げ色をつければよいものは高温で、中までじっくり火を通さなければならないものは低温で揚げるなど、食材、衣の種類や大きさによって油の温度を調節することが大切です。

衣をつけずに揚げる「素揚げ」はおもに野菜に使われる方法で、食材の色や形を生かすのに適しています。

にる

おでんの だいこんは
ながい じかん にると
なかまで あじが しみこんで
おいしくなるんだって。

みずや だし（↓146ページ）に
なまの ざいりょうを いれて、
やわらかくしながら
あじを つけることを
「にる」と いいます。

にて つくる
りょうりを
「にもの」と いう。

にもののときに
つかう しるを
「にじる」と いう。

いろいろな にもの

にくじゃが

おでん

にざかな

あく

ざいりょうを にたり
ゆでたりすると、
「あく」が でることが あります。
あくは、やさいや
にくの なかに ある にがみや
しぶみ（↓115ページ）の ことです。
あくを とると、
りょうりが おいしく なります。

にじるの
ひょうめんに
あらわれる
あわのようなものが
あく。

いろいろな にかた

にこむ

ざいりょうが ひたる くらいの にじるで ながい じかん にること。

につめる

ながい じかん にて すいぶんを すくなくすること。にじるの あじが こくなる。

にしめる

にじるが すくなく なるまで にて、あじを しみこませること。

につけ

すくない にじるで にて、あじを つけたもの。

にからめる

につめた にじるを ぐに からませる こと。

にころがす

ざいりょうを ころがすように して にじるを からめること。

にこごり

にじるを ひやして ゼリー《ぜりー》のように かためたもの。

にだす

かつおぶしや にぼしなどを にて、だしを とること。

にきる

さけや みりんを にたてて アルコール《あるこーる》の せいぶんを とりのぞくこと。

おうちのかたへ

食品を「煮る」目的は、しっかり味をしみ込ませたり、かたい食材をやわらかくしたりすることです。肉や野菜は長時間煮ることでやわらかくなります。また、数種類の食品を一緒に煮ると溶け出したうまみが混ざり合い、煮汁の味もよくなります。ただし、煮ることによって、水に溶けやすい栄養成分も煮汁に溶け出します。肉や魚を煮ると煮凝《こご》りができるのも、タンパク質が煮汁に溶け出し、冷えてかたまるためです。

あくの多くは苦みやえぐみがあり、体によくないものもありますが、大豆やゴボウなどのあくのように、体によい栄養成分を含むものもあります。

ゆでる

やさいを そのまま かじると かたいけれど、ゆでると やわらかくなるね。

ゆや みずの なかに ざいりょうを いれて あたためて、やわらかくすることを 「ゆでる」と いいます。

ゆでるために ゆを ふっとうさせることを 「わかす」と いう。

たべものを ゆでると

やわらかく なる

あくが ぬける

いろが あざやかに なる

したごしらえ

りょうりを するときに ざいりょうの じゅんびを することを 「したごしらえ」と いいます。かわを むいたり、ざいりょうを きったり、ゆでたりすることなども したごしらえの ひとつです。

ゆでる

あくを ぬく

きる

ゆを つかう りょうりの ことば

したゆで

ひの とおりにくい
ざいりょうを ゆでて
やわらかくして
おくこと。

ゆどおし

ざいりょうを
みじかい じかん
ゆに とおすこと。

ゆでこぼし

ゆでた しるを
いったん
すてること。

ゆむき

あつい ゆに とおした
あと、ひやしてから
かわを むくこと。
トマト《とまと》などの かわを
むくときの ほうほう。

ゆせん

ざいりょうを
いれものごと
ゆの なかに いれて
あたためること。

さしみず（びっくりみず）

ふっとうした ゆに
いれる みずのこと。
なべから ゆが
こぼれだすことなどを
ふせぐ。

にる・ゆでるの ちがい

にる

ざいりょうに
ひを とおして
やわらかくしながら
あじを つけること。

ゆでる

ざいりょうに
ひを とおして
やわらかくすること。
あじは つけない。

おうちの かたへ

加熱方法は「煮る」と同じですが、「ゆでる」は、味つけのための調味料を加えません。塩や酢などを入れることもありますが、味をつけるためではなく、食材の色を鮮やかにしたり、えぐみやくさみなどを消したりするためのものです。野菜の場合、熱湯で短時間ゆでることを「ゆがく」ということもあります。

同じ方法でも、肉や魚の場合は「湯通しする」といいます。

差し水は、水を加えると一気に沸騰がしずまることから「びっくり水」とも呼ばれます。食材の表面と内部の温度差を小さくする働きがあり、乾物の豆を均一にやわらかくしたり、麺のゆで上がりをよくしたりする効果があります。

むす

まっしろな ゆげが
むしきから でているよ。
この ゆげで たべものを
あたためるんだね。

ゆげで ざいりょうに
ひを とおすことを
「むす」と いいます。

むして つくる りょうり

ちゃわんむし

むしパン《ぱん》

しゅうまい

むす どうぐ

たべものを むすための
どうぐを「むしき」と いいます。

きんぞくの むしき

きんぞくで
できた にだんや
さんだんの なべ。

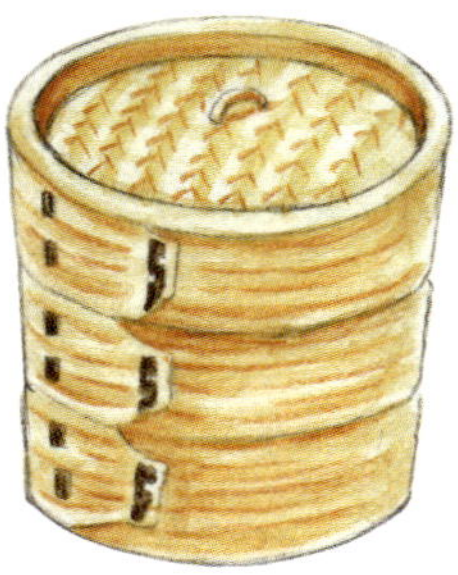

せいろう

きや たけで
できた むしき。
なべの うえに
のせて つかう。

フライパン《ふらいぱん》や
なべでも
むすことが
できる。

「むす」に かんけいする ことば

むしやき

ざいりょうを うつわに いれたり
つつんだりして ひに かけ、
ざいりょうの
すいぶんで
むすこと。

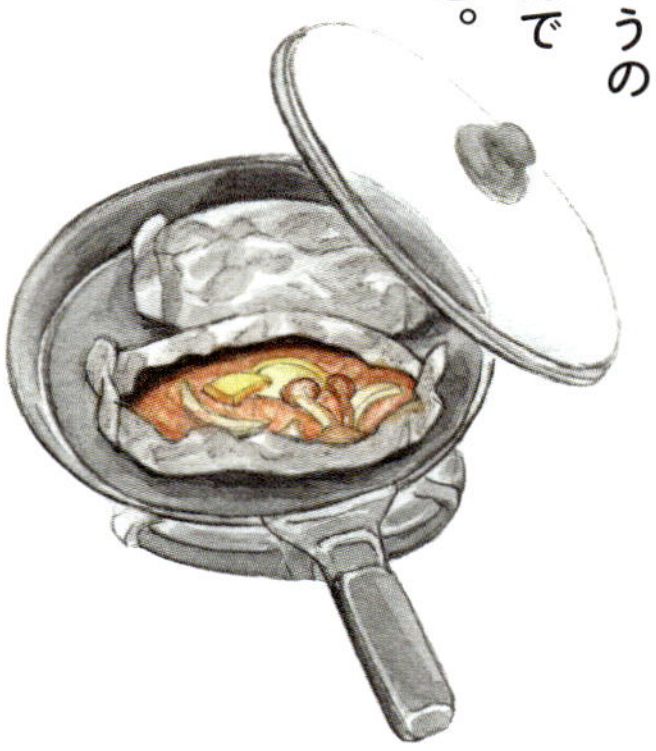

むしに

ざいりょうを しると いっしょに いれて
むすように にること。

さかむし

ざいりょうに
さけを ふりかけて
むしたもの。

すが たつ

むしたものに あわが でき、
あなが あいてしまうこと。
「すが はいる」
とも いう。

むらす

ひを けした あとや
ゆを いれた あとに、
ふたを したまま
すこし おくことを
「むらす」と いいます。
ざいりょうに すいぶんを
いきわたらせたり、あじを
しみこませたり します。

ごはんを たくときや
おちゃを いれるときに むらす。

おうちのかたへ

「蒸す」とは、水蒸気が食品に触れて水に変わるときのエネルギー（凝縮熱）を利用した加熱方法です。ゆでた場合に比べて香りやうまみが逃げにくく、水に溶けやすい栄養素の損失も抑えることができます。

金属製の蒸し鍋は、高温で蒸したい場合に適しています。せいろうはほどよく蒸気が抜けるため、蒸す際の温度はやや低めになります。茶碗蒸しやプリンなどの卵料理にすが立つのは、材料の中の水分が沸騰して細かい泡ができ、穴が開いてしまうからです。すが立つと見た目も口あたりも悪くなるので、火加減に注意しながらほどよい温度で加熱することが大切です。

つける・ひたす・あえる・まぜる

ひを つかわなくても できる りょうりが あるよ。
わたしも おてつだい してみたいな。

つける・ひたす

ざいりょうを
ちょうみりょうや しるの なかに
いれておくことを
「つける」と いいます。
つけると うまみが
ふえるものが あります。

ざいりょうを
しるの なかに いれて
あじを つけることを
「ひたす」と いいます。

ゆでたり あげたりした
やさいを しるに つける。

あえる・まぜる

ざいりょうと
ちょうみりょうを
からめるように して
あじを つけることを
「あえる」と いいます。
あえる ちょうみりょうを
「あえごろも」と いいます。

ざいりょうを
かきまわしたり
ちがう しゅるいの ものを
あわせたりして
ひとつに することを
「まぜる」と いいます。

つける・ひたす・あえる りょうり

● つけて つくる りょうり

つけもの

やさいなどを しおや ぬか、さけかすなどに つけて はっこうさせたもの。

ぬかづけ

こめぬかと しおで つけたもの。

しばづけ

あかじその はと なすなどを しおで つけたもの。

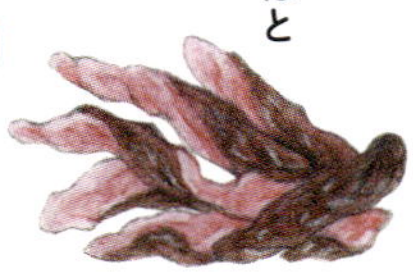

ならづけ

やさいを さけかすで つけたもの。

ピ《ぴ》ク《く》ル《る》ス《す》

やさいを すで つけた せいようの つけもの。

● ひたして つくる りょうり

おひたし

ほうれんそうなどの あおなを ゆでて だしじょうゆに ひたしたもの。

にびたし

ざいりょうを うすあじの しるで にて、ひたしたまま さましたもの。

あげびたし

ざいりょうを あぶらで あげてから だしに ひたしたもの。

● あえて つくる りょうり

しらあえ

とうふを しぼって つぶした あえごろもと やさいや こんにゃくなどを あえたもの。

ごまあえ

ごまを いって すりつぶした あえごろもと やさいを あえたもの。

ばいにくあえ

うめぼしを つぶした あえごろもと きゅうりなどを あえたもの。

おうちのかたへ

「漬ける」と、おもに塩の働きで食品の水分が抜け、調味料などの風味やうまみがしみ込みます。保存性や風味のために長い時間漬け込むものは発酵食品ですが、短時間で仕上げるもの（一夜漬けや浅漬けなど）は発酵食品には含まれません。

「浸す」は、味をつけただし汁などに食品をつけて使われる言い方です。おひたしは、ゆでた野菜をだし汁に浸すことから名づけられた料理ですが、単にゆでてしぼった野菜にしょうゆをかけるだけの場合もお浸しと呼ばれます。

「混ぜる」は、混ぜ合わせる作業全般に使われますが、「あえる」は、食材と調味料を混ぜ合わせる場合の言い方です。

つくってみよう

サンドイッチ《さんどいっち》

いろいろなものを はさんでみよう。

ざいりょう

（4 にんぶん）
サンドイッチ《さんどいっち》ようの
しょくパン《ぱん》…8 まい
レタス《れたす》…4 まい
ハム《はむ》…4 まい
スライスチーズ《すらいすちーず》…4 まい
マヨネーズ《まよねーず》

つかう どうぐ

さら
バターナイフ《ばたーないふ》

① さらの うえに おいた しょくパン《ぱん》に マヨネーズ《まよねーず》を ぬる。

② レタス《れたす》を あらって みずけを きる。

③ パン《ぱん》の うえに レタス《れたす》、ハム《はむ》、チーズ《ちーず》を のせる。

④ マヨネーズ《まよねーず》を ぬったほうを うちがわに して もういちまいの パン《ぱん》を かさねる。

⑤ すこしの じかん おいて なじませる。

ぐを のせた パン《ぱん》を くるくる まけば ロールサンド《ろーるさんど》に なるよ。

＼できあがり／

3 しょくじの どうぐ、りょうりの どうぐ

おもしろい かたちの
どうぐが あるね。
なにに つかうのかな。

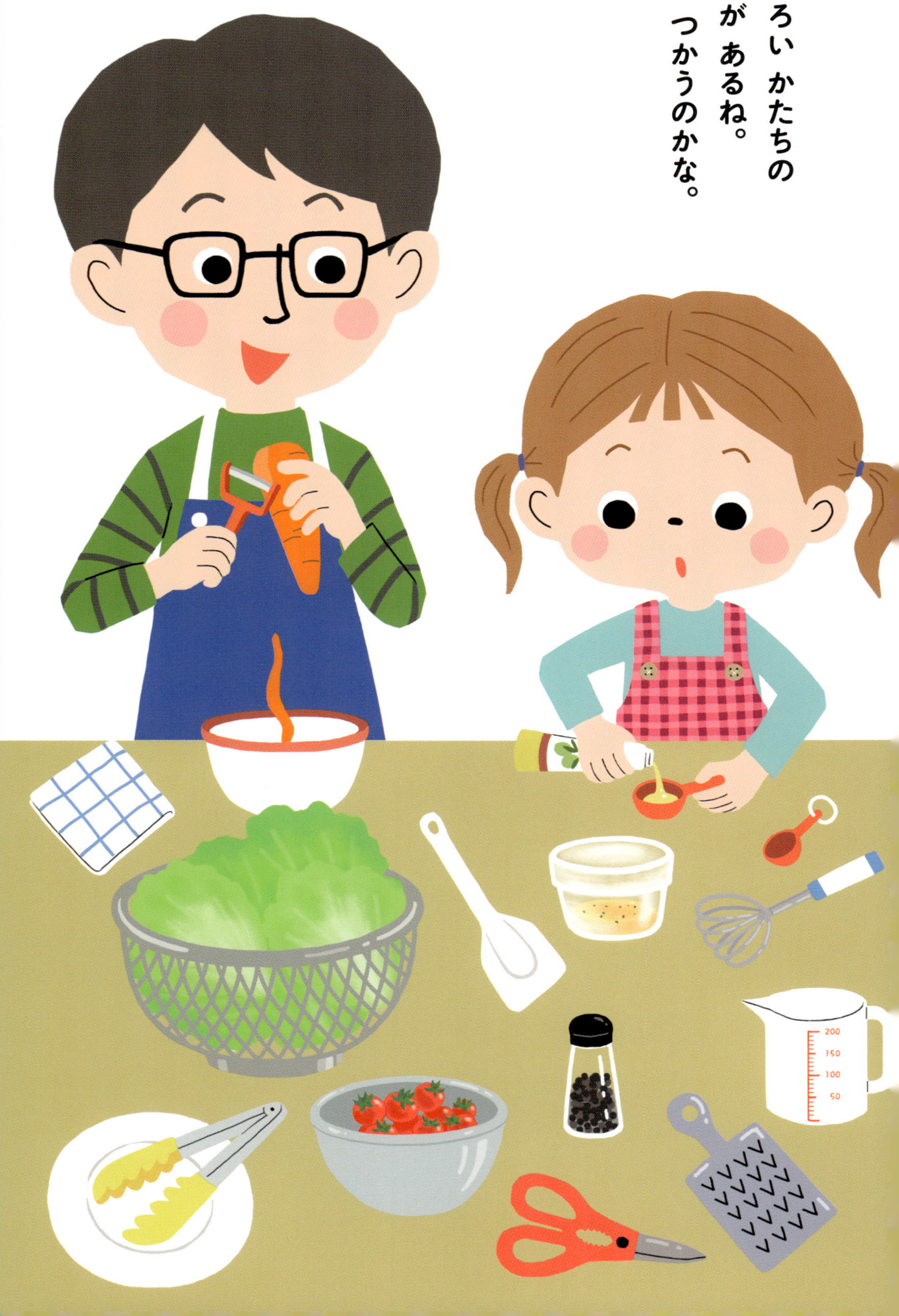

だいどころ

だいどころには、
いろいろな りょうりの
どうぐが あります。

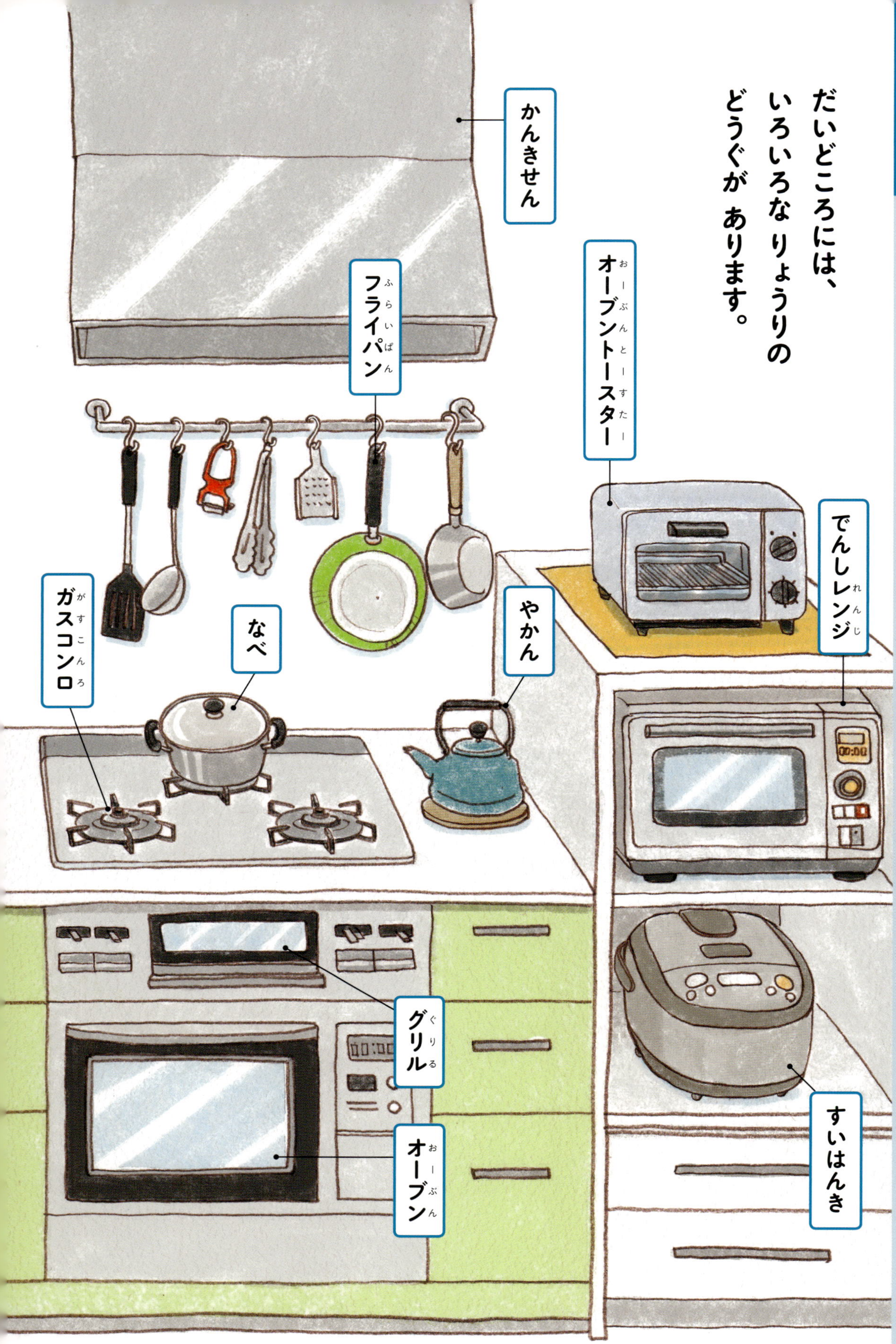

たべものを きるときは
どの どうぐを つかうかな。
おさらは どこで あらうかな。

おうちのかたへ

台所は、食事の準備や後片づけのために欠かせないスペースです。流し台、作業台、ガスコンロやＩＨ調理器などの加熱機器、換気のための設備などが組み合わされており、調理に使う道具や材料が並んでいます。

台所は包丁やはさみなどの刃物があったり、火や油を使ったりする場所です。包丁や食器用洗剤は子どもの手の届かない場所に配置し、使わないときは電化製品のコンセントを抜いておくなどの工夫も大切です。子どもが台所に入るときには、火や熱い鍋などに近づきすぎないよう注意したり、危険の少ない子ども用包丁などを使わせたりするとよいでしょう。

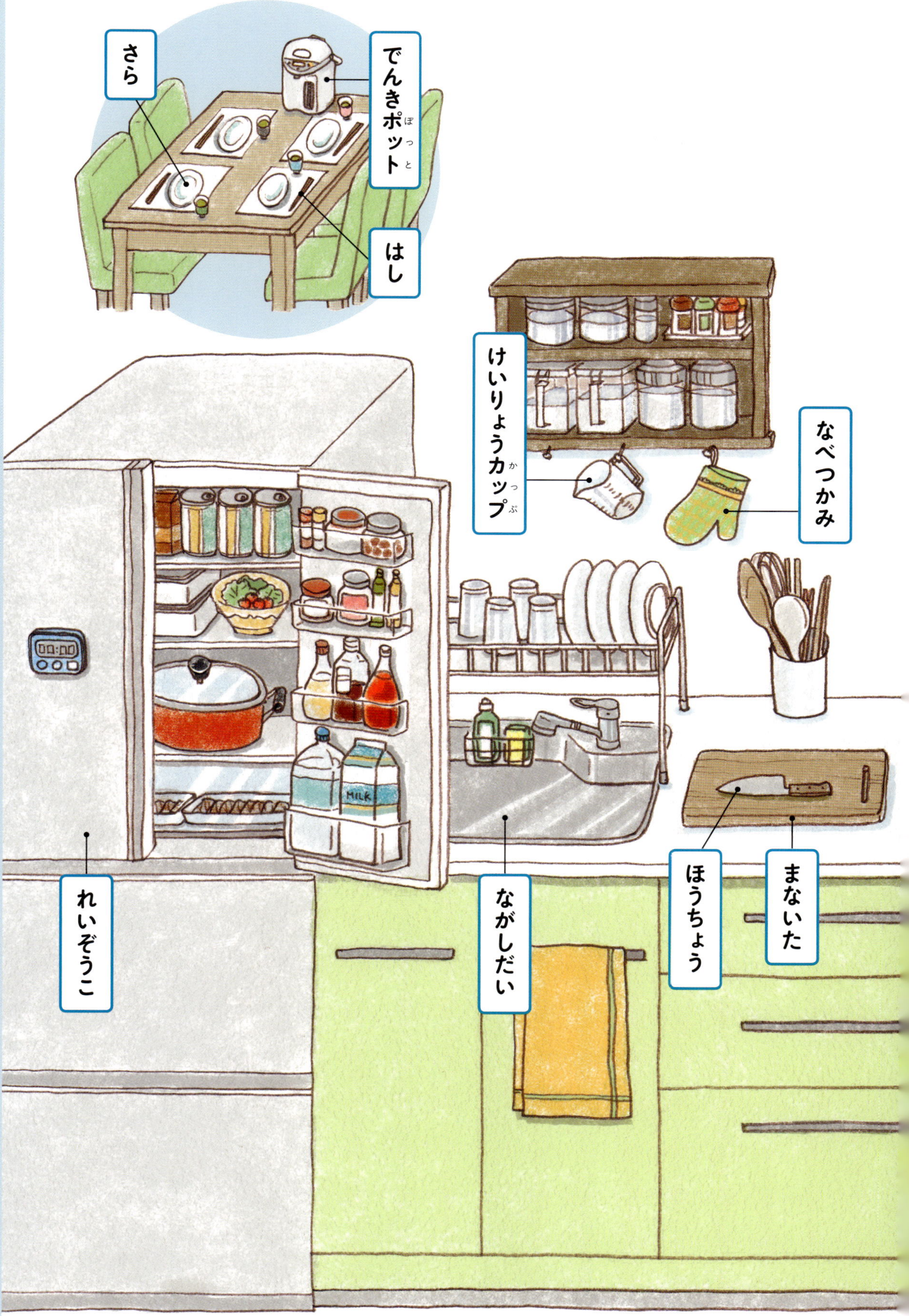

しょっき① りょうりを たべる

はしは ごはんを たべるときに ひつような どうぐだね。じょうずに つかえると かっこいいな。

りょうりを くちに はこぶ しょっき

はし

たべものを はさむのに つかう。2ほんで ひとくみ。

ナイフ《ないふ》

たべものを たべやすい おおきさに きる。

フォーク《ふぉーく》

たべものを さしたり まいたりする。

スプーン《すぷーん》（さじ）

しるものなどを すくいとる。

はしの つかいかた

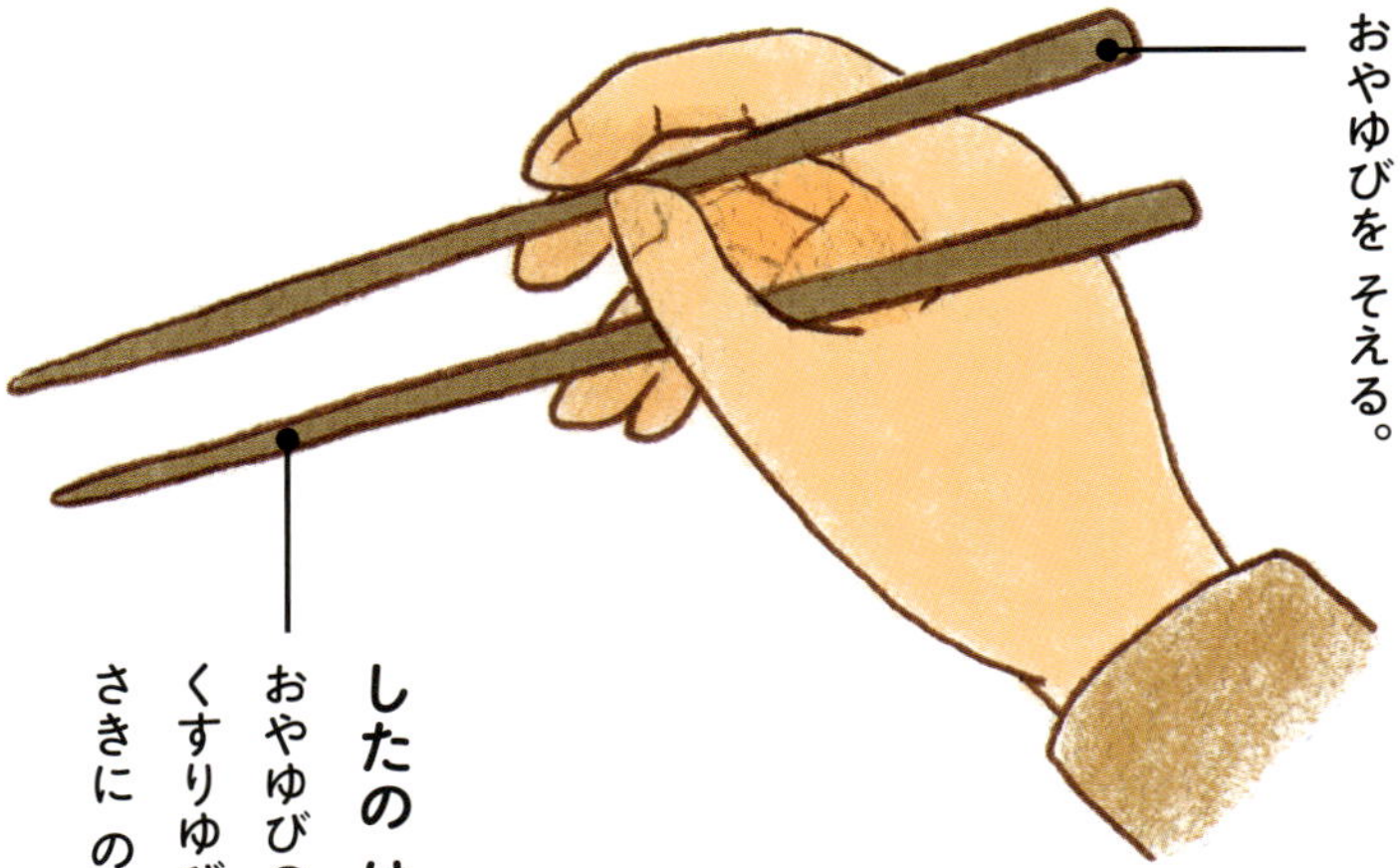

うえの はし

ひとさしゆびと なかゆびで はさんで もつ。おやゆびを そえる。

したの はし

おやゆびの つけねと くすりゆびの さきに のせる。

うえの はしだけ うごかす。

はしを つかった どうさ

ぎょうぎの わるい はしの つかいかた

ひろいばし

はしと はしで たべものを うけわたすこと。「はしわたし」とも いう。

さしばし

はしで たべものを つきさして くちに はこぶこと。

ねぶりばし

しょくじを しているときに はしを なめること。「なめばし」とも いう。

さしばし（指《さ》しばし）

はしで ひとや もののほうを さすこと。

おうちのかたへ

箸は日本だけでなく、アジアの国で広く使われています。汁ものを食べるときに、日本以外の国ではスプーンやレンゲを使いますが、日本では箸だけで食事をします。

箸を上手に使うためには、正しい持ち方をする必要があります。こぶしを握るような持ち方は「握り箸」と呼ばれ、マナー違反とされています。日本には箸づかいに関する決まりごとがあり、なかでも人に不快感を与えるものは「嫌い箸（忌み箸、禁じ箸）」などと呼ばれます。43ページで示した例のほか、料理の上で箸を行き来させる「迷い箸」、器を箸で引き寄せる「寄せ箸」、箸を器の上に置く「渡し箸」などにも気をつけましょう。

しょっき②
りょうりを いれる

しょくじの ときには、
もりつけたり たべたりする
うつわを つかいわけるよ。
どんな しゅるいが あるかな。

りょうりを いれる うつわ

ちゃわん
ごはんを もりつける。

おわん
しるものを いれる。

ひらざら
しるの ない
おかずを のせる。

ふかざら
にものなど
しるが ある
おかずを いれる。

さかなざら
さしみや
やきざかなを
もる。

こざら
ちいさな
おかずを
いれる。

こばち
おひたしなどの
ふくさい(→16ページ)を
いれる。

どんぶり
どんぶりものや
うどん、
そばなどを
いれる。

てしおざら
ちょうみりょうなどを
いれる。

ちゃわんの もちかた

おやゆびを ちゃわんの
ふちに かけて、
ほかの ゆびを そろえて
そこを もちます。

のみものを いれる うつわ

グラス《ぐらす》

ガラス《がらす》で できた うつわ。
つめたい ものを いれる。

ゆのみ

おちゃを のむ ための
うつわ。

カップ《かっぷ》

とってが ついた うつわ。

コーヒーカップ《こーひーかっぷ》

ティーカップ《てぃーかっぷ》

マグカップ《まぐかっぷ》

おちゃを のむ

おちゃを のむ ときは
おちゃの はに ゆを そそぎます。

にほんちゃ

きゅうすで いれる。

きゅうす

ちゃこしを つかって
いれる ことも ある

こうちゃ

ティーポット《てぃーぽっと》で いれる。

ティーポット《てぃーぽっと》

おうちの かたへ

洋食で使われるのは平皿が中心で、グラスやカップ以外の食器を持ち上げるのはマナー違反とされています。和食では、料理に合わせていろいろな食器を使い分け、片方の手で持てるサイズの器は持ち上げて食べることになっています。そのため、手で持ち上げるお茶碗は軽くて熱を伝えにくい陶器、器に直接口をつける汁もののお椀は唇へのあたりのよい木製といったように、用途に合わせてさまざまな材質が使い分けられています。

また、実用面での工夫に加え、料理の色合いや季節感などを意識して、盛りつけたときにより美しく見える器を選ぶことも多くなっています。

りょうりの どうぐ①

きる

ほうちょうを つかって ざいりょうを きると りょうりが はじまる きが するね。

りょうりの ざいりょうを きるときに つかう はものを「ほうちょう」と いいます。

ほうちょうの なまえ

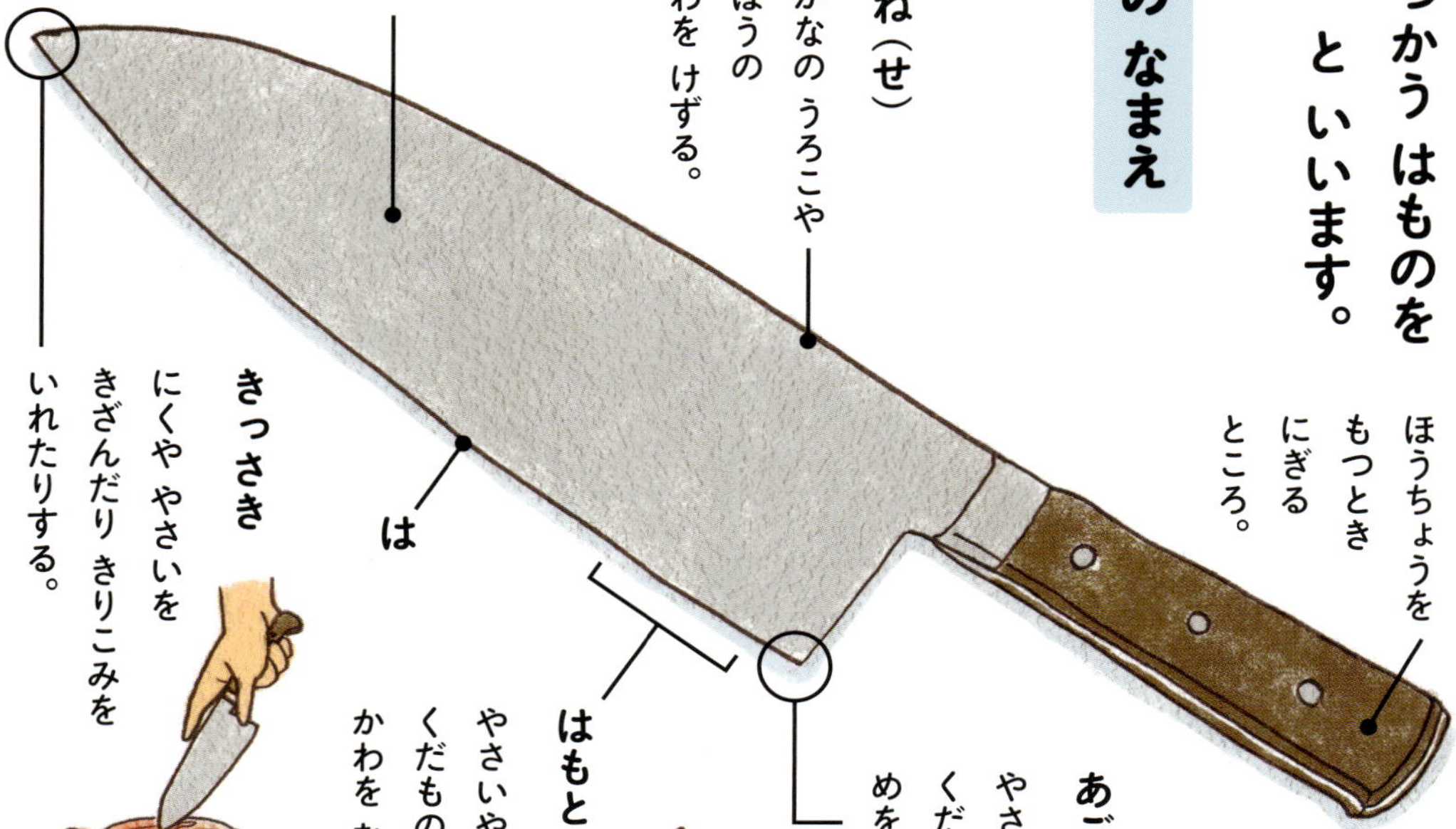

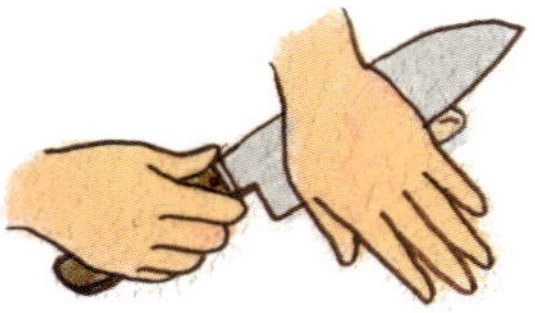

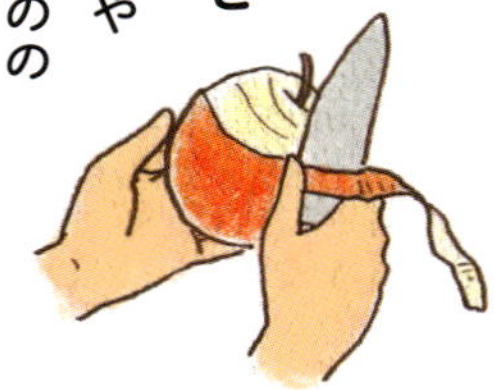

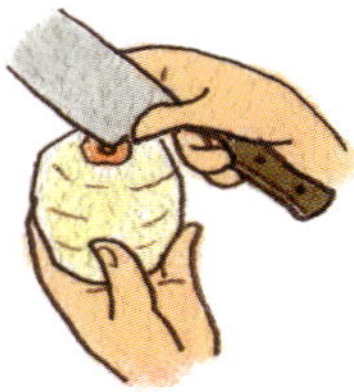

え
ほうちょうを もつとき にぎる ところ。

みね（せ）
さかなの うろこや ごぼうの かわを けずる。

はら
にんにくや しょうがを つぶす。

きっさき
にくや やさいを きざんだり きりこみを いれたりする。

は

はもと
やさいや くだものの かわを むく。

あご
やさいや くだものの めを とる。

きるときに つかう どうぐ

まないた

ほうちょうで たべものを きるときに したに しく いた。

ナイフ《ないふ》

ようふうの ほうちょう。ペティナイフ《ぺてぃないふ》や パンきりナイフ《ぱんないふ》などが ある。

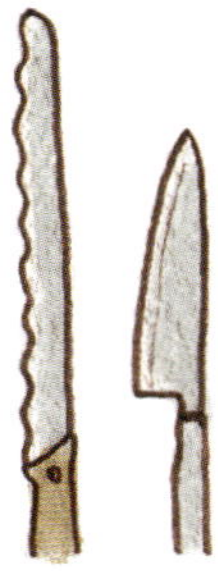

ピーラー《ぴーらー》

やさいや くだものを うすく きったり かわを むいたり する どうぐ。

きるとき

にぎる て

ひとさしゆびを まげて にぎっても、のばして にぎっても よい。

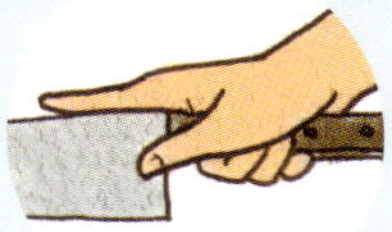

おさえる て

ざいりょうを おさえる ては、「ねこの て」のように ゆびを まげる。

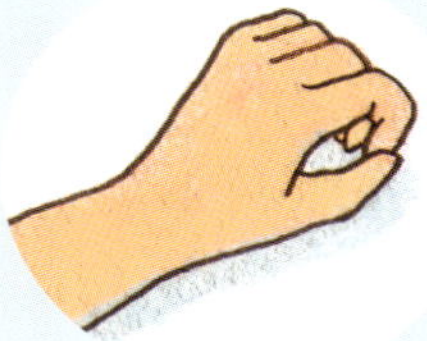

ほうちょうの おきかた

はを むこうに むける。

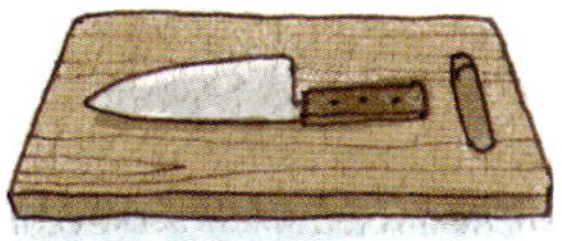

たべものの きりかた

やさい

おすように して きる。

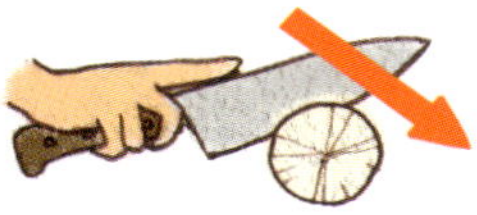

にく・さかな

ひくように して きる。

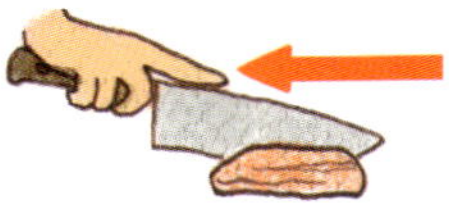

「きる」に かんけいする ことば

さばく

さかなや にくを ほねから きりわけること。

おろす

さかなや にくを なんまいかに きりわけること。

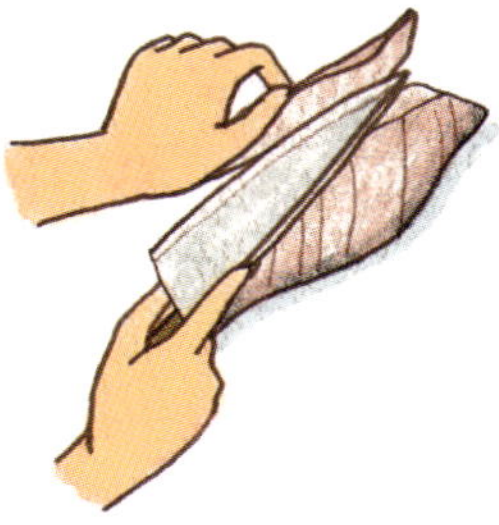

ひく

さかなを きって さしみに すること。

おうちの かたへ

包丁は、大きく「和包丁」と「洋包丁」に分けられます。和包丁は片刃（片面だけに刃がついている）のものが多く、先がとがった出刃包丁や、四角い菜切り包丁、刃渡りの長い刺身包丁などがあります。洋包丁は両刃（両面に刃がついている）で、細長く先がとがった牛刀や小さなペティナイフ、刃がギザギザのパン切りナイフなどがあります。一般家庭で多く使われているのは「三徳包丁（文化包丁）」と呼ばれる両刃の包丁です。日本で洋食が一般的になった頃に生まれたもので、牛刀と菜切り包丁の両方のよさを備えています。和包丁も洋包丁も、押したり引いたり前後に動かすことで切れるのは同じです。

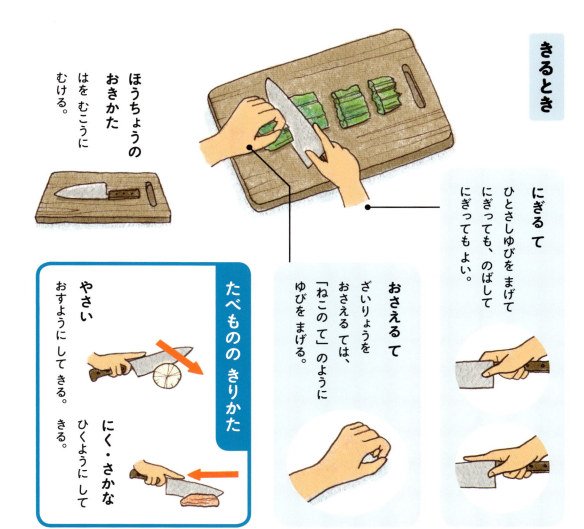

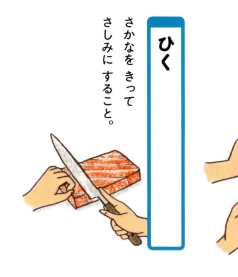

りょうりの どうぐ② にる・ゆでる

おでんを つくるときは どの なべを つかっているのかな。

ざいりょうを にたり ゆでたりするときに つかう どうぐが あります。

りょうてなべ
もちてが ふたつ ついている なべ。

かたてなべ
ながい もちてが ひとつ ついている なべ。

どなべ
ふたが ついた とうきの なべ。ひを けしても おんどが さがりにくい。

あつりょくなべ
たかい あつりょくで ちょうりする なべ。ざいりょうが すぐに やわらかくなる。

ゆきひらなべ
そそぎぐちが ついた かたてなべ。

にものに つかう「おとしぶた」

にものを つくるときに ざいりょうの うえに ちょくせつ のせる ふたを「おとしぶた」と いいます。おとしぶたを すると ざいりょうに あじが しみこみやすく なります。

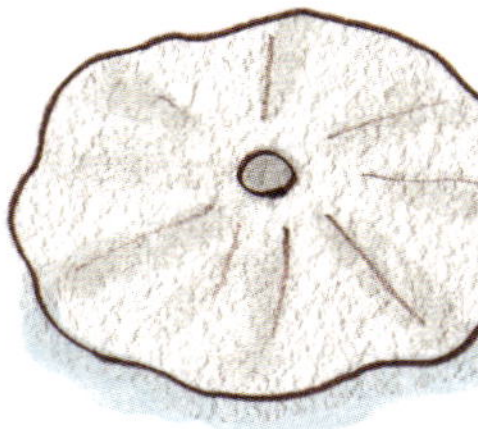

きの ふた

クッキングシート《くっきんぐしーと》や アルミホイル《あるみほいる》でも つくれる。

ちょうりの ようすを あらわす ことば

みずの りょう

ひたひた

ざいりょうの あたまが みえるくらい。

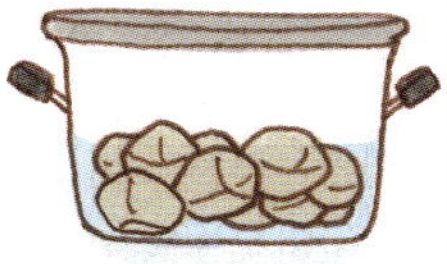

かぶるくらい

ざいりょうの あたまが ぎりぎり でないくらい。

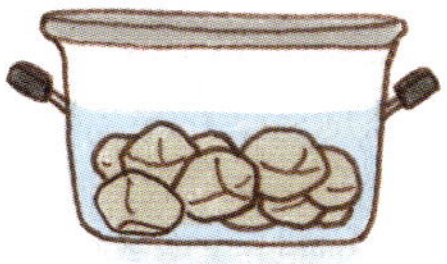

たっぷり

ざいりょうが みずや ゆに じゅうぶん つかっているくらい。

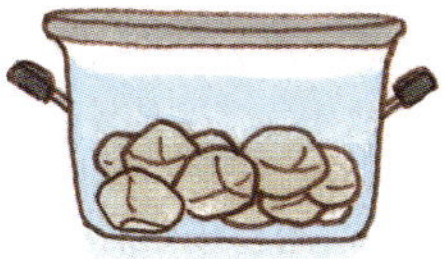

ひの つよさ

つよび

ほのおが いきおいよく なべぞこに とどく。

よわび

なべぞこから ほのおが はなれている。

ちゅうび

なべぞこに ほのおが とどくか とどかないか くらい。

とろび

よわびより よわい。ひが やっと ついているくらい。

おんど

ひとはだくらい

ひとの たいおんの 35ど～37どと おなじくらい。

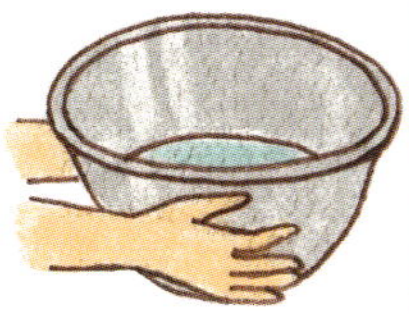

あらねつを とる

あついものを いったん おいておき、すこし さますこと。

おうちのかたへ

鍋の大きさや厚さ、形はさまざまで、鍋の材質によって、熱を伝える速さや保温性の高さも異なります。早く加熱したいときは、熱伝導のよい薄いアルミや銅の鍋が効果的です。反対に、じっくり加熱したいときや余熱を利用したいときは、保温性にすぐれた厚手の鉄鍋や土鍋が適しています。圧力鍋が調理時間の短縮に役立つのは、水蒸気を閉じ込めて内部の圧力を高めることで、120度近くの高温で煮ることができるからです。

落としぶたを使うと、煮汁が落としぶたにはねかえって全体に行きわたり、味が均一にしみこみやすくなります。また、鍋の中で食材を押さえて煮崩れを防ぐ役割も果たしています。

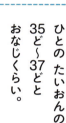

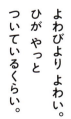

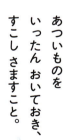

りょうりの どうぐ③ やく・あげる・いためる ほか

かぞく みんなで つくって たべる
おこのみやきは おいしいね。
おこのみやきを つくる おおきな
どうぐは なんて いうのかな。

ざいりょうを
やいたり あげたり
いためたりするときに
つかう どうぐが あります。

フライパン《ふらいぱん》
あさくて ひろい なべ。

やきあみ
さかなや もちを
やく あみ。

ちゅうかなべ
ちゅうかりょうりに
つかう そこの
まるい なべ。

あげなべ
（てんぷらなべ）
あげものを
あげる なべ。

たまごやきなべ
たまごやきを
つくるための
しかくい なべ。

なべを つかうときに あると べんりな どうぐ

あつくなった なべを
もったり おいたりするときに
つかいます。

なべつかみ
あつい なべの
とってなどを
もつときに
てに はめたり
とってを
はさんだりする。

なべしき
ひから おろした
あつい なべを
おく しきもの。

だいどころの なかには ほかにも いろいろな どうぐが あります。

ガスコンロ《がすこんろ》

ガス《がす》の ねつで りょうりを する きかい。 でんきの ねつを つかうものも ある。

やかん

ゆを わかす どうぐ。

アイエイチ《あいえいち》ちょうりき

でんきを つかって なべなどを あたためる きかい。

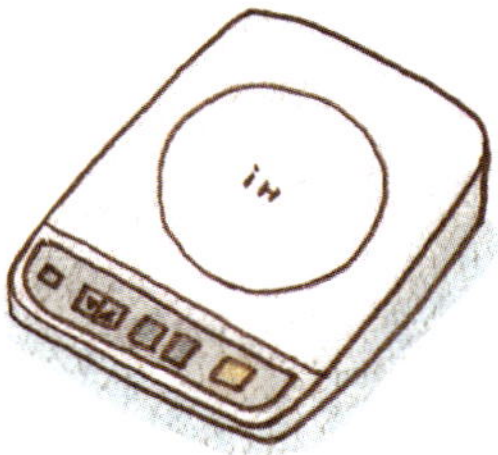

グリル《ぐりる》

あみの うえで たべものを やく きかい。

オーブントースター《おーぶんとーすたー》

でんきの ねつで たべものを やく きかい。

でんしレンジ《れんじ》

「マイクロ《まいくろ》は」 という でんぱで たべものを あたためる きかい。

すいはんき

ごはんを たく きかい。

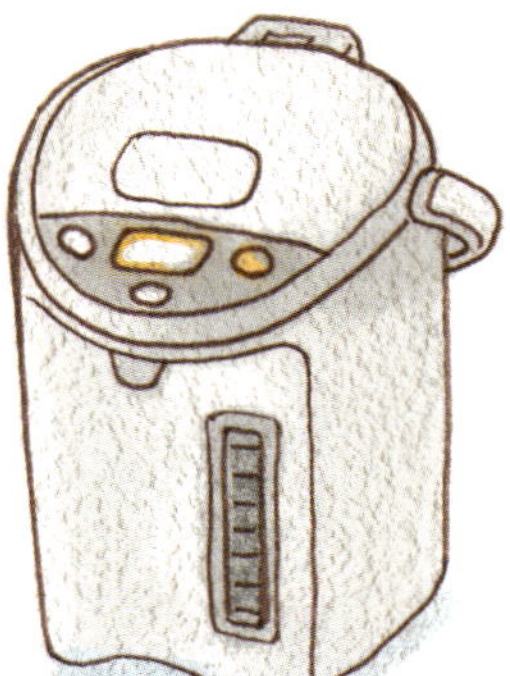

でんきポット《ぽっと》

ゆを わかす きかい。

ホットプレート《ほっとぷれーと》

でんきの ちからで てっぱんを あたためる きかい。

おうちのかたへ

家庭で使われるフライパンは、おもに鉄製と、焦げつきを防ぐ加工がされたものの2種類があります。鉄製のものは高温に強くきれいな焼き色をつけられますが、初めて使う際や使用後の手入れに手間がかかります。焦げつきを防ぐタイプのものは、ゆでる、煮るなどの調理にも向いていますが、徐々にコーティングがとれてくるため、鉄製のものほど長持ちしません。

食材を外側から加熱するオーブントースターやガスコンロに対し、電子レンジはマイクロ波で食材に含まれる水分を高速で振動させて摩擦を起こし、食材そのものから熱を発生させています。そのため、短時間での食材の加熱が可能になるのです。

りょうりの どうぐ④ はかる

りょうりに つかう ざいりょうの おもさや りょうを はかる どうぐが あるよ。

りょうりを つくるときは ざいりょうの おもさや りょうなどを はかることも ひつようです。

はかり
たべものの おもさを はかる。

けいりょうスプーン《すぷーん》
きまった りょうを はかる。「おおさじ」と「こさじ」が ある。

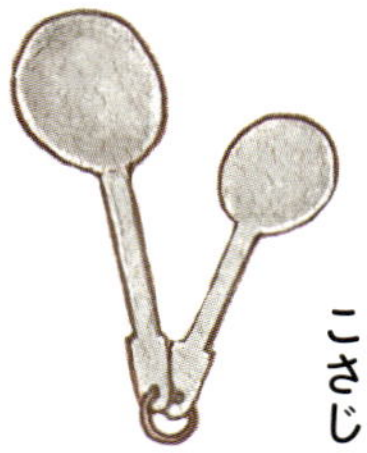

けいりょうカップ《かっぷ》
えきたいや こな、こめの りょうを はかる。

こめようの カップ《かっぷ》は いっかいに「いちごう」を はかることが できる。

タイマー《たいまー》
ゆでる じかん などを せいかくに はかる。

すりきり

けいりょうスプーン《すぷーん》などで りょうを はかるとき、たいらな ぼうなどで ふちと おなじ たかさに することを「すりきり」と いいます。

おおさじ（こさじ）1
スプーン《すぷーん》で ちょうみりょうなどを すくう。

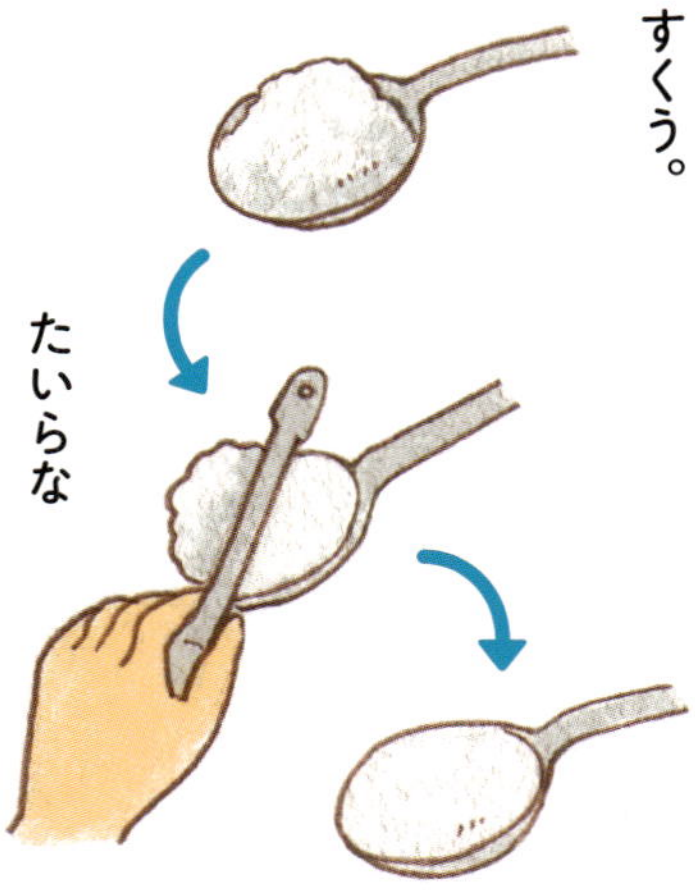

たいらな ぼうで ならす。

すりきりに なる。

どうぐを つかわず、てや みためで はかることも あります。

てで はかる

しょうしょう
おやゆびと ひとさしゆびで つまんだ りょう。

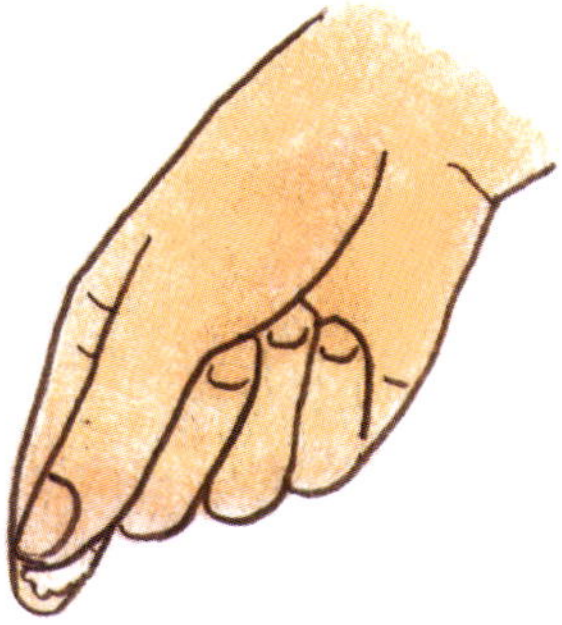

ひとつまみ
おやゆび、ひとさしゆび、なかゆびで つまんだ りょう。

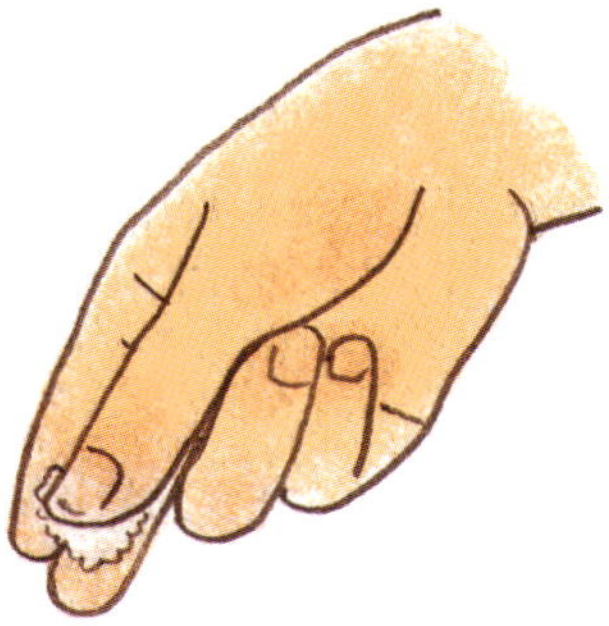

ひとにぎり
かたてで にぎれるくらい。「ひとつかみ」とも いう。

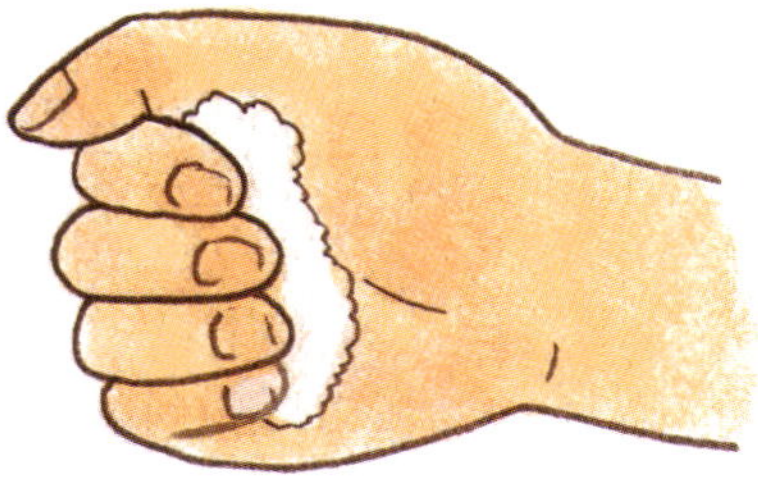

ひとまわし
ちょうみりょうを ぐるっと いっしゅう まわしかける。

みためで はかる

ひとかけ
おやゆびくらいの おおきさ。

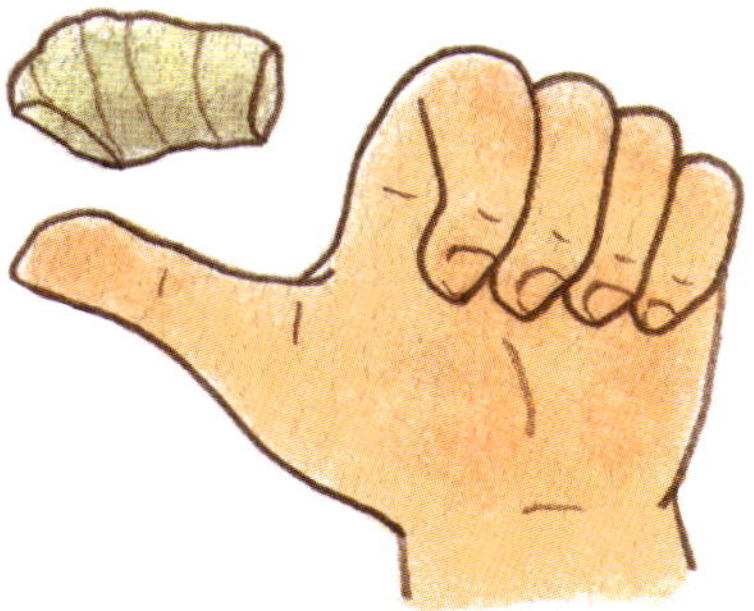

ひとくちだい
ひとくちで たべられるくらいの おおきさ。

おうちの かたへ

はかりでは「重量（重さ）」を測るのに対し、計量カップや計量スプーンでは「容量（かさ）」を測ります。調理用の計量カップは、1カップ＝200ミリリットル。計量スプーンは、大さじ1＝15ミリリットル、小さじ1＝5ミリリットルです。ただし、米用の計量カップは180ミリリットル（1合）が基本です。

一定の容量あたりの重量は食材により異なるので、換算する際は注意が必要です。例えば砂糖と小麦粉の1カップの容量は200ミリリットルですが、重量は、砂糖が130グラム、小麦粉が110グラムです。大さじ1のしょうゆと酢は容量は5ミリリットルですが、重量はしょうゆが6グラム、酢が5グラムです。

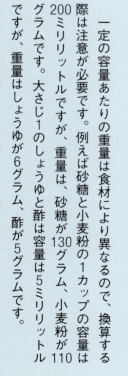

いろいろな ちょうりこもの

だいどころの なかで まるい ようきや ほそながい どうぐを みたことは あるかな。

したごしらえに つかう どうぐ

ボウル《ぼうる》
ざいりょうを まぜたり みずに つけたり するときに つかう。

ざる
やさいの みずけを きったり、めんの ゆでじるを きったりする ときに つかう。

おろしき
ざいりょうを すりおろすときに つかう。

すりこぎ・すりばち
ざいりょうを すりつぶすときに つかう。

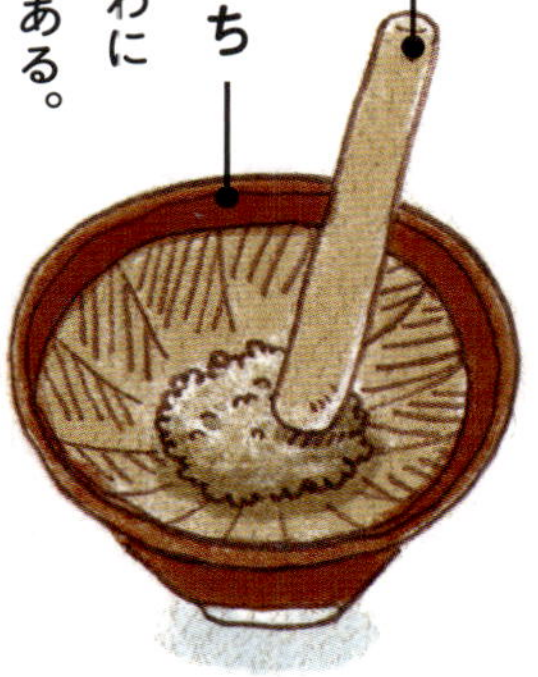

バット《ばっと》
ころもを つけたり たれに つけたり するときに つかう。

あると べんりな もの

たべものを つつむときや、すいぶんを すわせるときに つかいます。

ラップ《らっぷ》
とうめいの シート《しーと》。

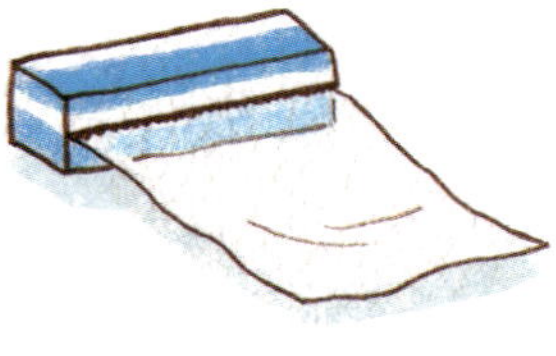

アルミホイル《あるみほいる》
きんぞくを うすく のばした シート《しーと》。

キッチンペーパー《きっちんぺーぱー》
みずや あぶらを よく すう かみ。

りょうりを つくるときに つかう こもの

フライ《ふらい》がえし
フライパン《ふらいぱん》で
ちょうりしたものを
ひっくりかえす。

たまじゃくし
しるものを すくう。

さいばし
りょうりを
つくるときや
もりつけるときに
つかう ながい はし。

へら
ざいりょうを
まぜあわせたり
かえしたりする。

あみじゃくし
あぶらの なかから
あげものを すくったり、
ゆでたものの みずけを
きったりする。

しゃもじ
ごはんを まぜたり
よそったりする。

トング《とんぐ》
つかみにくいものや
あついものを
つかむ。

あわだてき
ざいりょうを
まぜあわせたり
あわだてたりする。

おうちのかたへ

台所で使う道具には、用途が同じでも、形や材質の違いによって使いやすさや仕上がりが異なるものがあります。例えば金属やプラスチック製の深いざるは、食材の水きりに便利ですが、食材をゆでたあと、ざるに広げて冷ます際などには、木製の浅いざるが適しています。おろし器も、金属製のもの以外にも、大根おろしには目の粗い竹製、生わさびにはさめ皮製などと、使い分けることがあります。

　ラップは、食品を密封して鮮度を保ったり、電子レンジで食材を温めたりする際に使います。アルミホイルは、包み焼きなどの加熱調理にも使えますが、電子レンジには適しません。

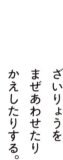

つくって
みよう

ヨーグルト《よーぐると》ドリンク《どりんく》

どうぐで はかって、まぜてみよう。

ざいりょう

(4 にんぶん)

いちご … 12 つぶ
ヨーグルト《よーぐると》 … 1 カップ《かっぷ》
ぎゅうにゅう … 2 カップ《かっぷ》
さとう … おおさじ 2 はい

つかう どうぐ

ボウル《ぼうる》
フォーク《ふぉーく》
あわだてき
たまじゃくし
ドリンク《どりんく》を いれる うつわ

1. いちごを あらう。

2. いちごの へたを とって ボウル《ぼうる》に いれる。

3. フォーク《ふぉーく》で いちごを つぶす。

4. ヨーグルト《よーぐると》と さとうを いれて あわだてきで まぜる。

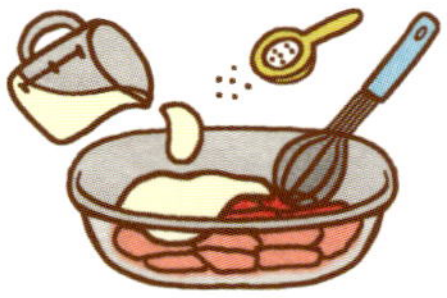

5. ぎゅうにゅうを いれて あわだてきで まぜる。

6. たまじゃくしで うつわに いれる。

できあがり

いちごの かわりに
ほかの くだものを つぶして
いれても おいしいよ。

ブルーベリー《ぶるーべりー》

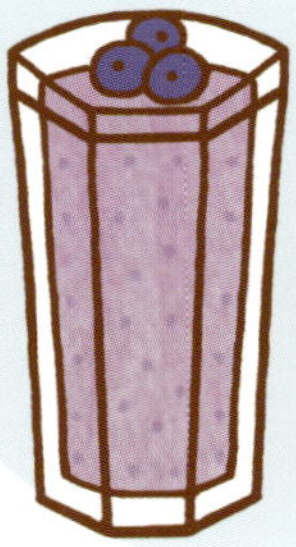

バナナ《ばなな》

4 こめ・パ《ぱ》ン《ん》・めん

たきたてごはんで
おにぎりを にぎったよ。

こめを たく

しろい ごはんが だいすき。
どうしたら ごはんを おいしく
たくことが できるかな。

ごはんは こめを たいて つくります。

ごはんが できるまで

とぐ

こめを みずの なかで
かきまぜて あらう。

みずが にごったら
みずを すてる。
きれいな みずに かえて、
にごらなくなるまで
くりかえし あらう。

たく

といだ こめを
みずと いっしょに
すいはんきで
たく。

むらす

こめに ゆげを
とおして
ふっくらさせる。

ほぐす

ごはんの つぶが
つぶれないように
しゃもじで まぜる。

よそう

ごはんを
ちゃわんに
もりつける。

こめを たく どうぐ

こめを おいしく たく どうぐも いろいろ あります。

すいはんき

こめを たくための きかい。

なべ (↓48ページ)

こめは どなべや きんぞくの なべでも たくことが できる。

はんごう

キャンプ《きゃんぷ》などで ごはんを たくときに つかう どうぐ。

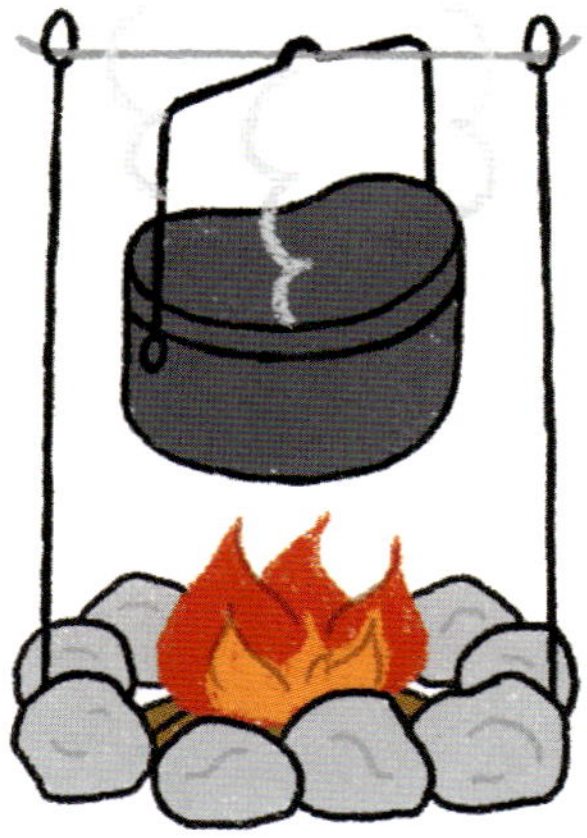

ごはんが すこし こげたものを 「おこげ」と いう。

こめの はかりかた

こめは むかしから ある 「ごう」と いう たんいを つかって はかります。 たくと ちゃわん 2はいぶん くらいに なります。

1ごうを はかる ます。

1ごうを はかる けいりょうカップ《かっぷ》。 1カップ《かっぷ》は 180ミリリットル《みりりっとる》。

おうちの かたへ

ごはんは炊飯器で炊くことが多いのですが、昔は釜や鍋で炊いていました。水加減、吸水、火加減の、3つのポイントに気をつければ、鍋でもおいしく炊くことができます。

といだ米はいったんざるに上げ、水気をきってから鍋に入れます。米1合に対して1カップ(200ミリリットル)の水を加え(水加減)、数十分間米に水を吸わせてから炊き始めます(吸水)。鍋を火にかけたら、中火~強火で加熱します。沸騰したら弱火にし、12~13分炊きます(火加減)。火を止めて、そのまま10分ほど蒸らせば、できあがりです。底から全体を混ぜてから、器に盛ります。厚手で保温性の高い鍋を使うと、おいしく炊きあがります。

こめを つかった りょうり

おべんとうの おにぎりに、
ひなまつりの ちらしずし。
ごはんには いろいろな
たべかたが あるね。

ごはんは いろいろな
ほうほうで たべます。

にぎる

おにぎり
（おむすび）

にぎりずし

いためる

チャーハン《ちゃーはん》

ピラフ《ぴらふ》

にる

おかゆ

ぞうすい

リゾット《りぞっと》

まく

のりまき

つめる

いなりずし

きせつに あわせた ごはんを たのしむことも あります。

ぐを たきこむ

たけのこごはん（はる）

きのこごはん（あき）

まめごはん（はる）

くりごはん（あき）

ぎょうじに あわせて たべる りょうり

ぎょうじの ときに とくべつな ごはんを たべることが あります。

ちまき

こどもの ひに たべる りょうり。こめを もちに して ささの はで まく。

ななくさがゆ

1がつなのかに はるの ななくさを いれて たべる おかゆ。

ちらしずし

ひなまつりなどの おいわいに たべる すし。すしめしの うえに ぐを ちらす。

はるの ななくさ

おうちの かたへ

米を主食とする日本では、季節の行事にちなんで食べる「行事食」にも、米を使ったものが多くあります。七草粥《ななくさがゆ》は、その年の無病息災を祈るために食べるものです。「春の七草」といわれるセリ、ナズナ、ゴギョウ、ハコベラ、ホトケノザ、スズナ、スズシロの7種類の野菜と一緒に煮ます。春のお彼岸には、丸めたごはんをあんで包んだ「ぼた餅」を供えて先祖を供養し、家族の健康などを祈ります。秋のお彼岸にお供えする場合は、同じものが「おはぎ」と呼ばれます（あんの種類などによって呼び分けることもある）。無病息災を祈って端午の節句に食べるちまきは、米やもち米で作った餅を葉で包んで蒸したものです。

こめが できるまで

にほんでは ずっと むかしから こめが つくられて いるよ。こめは どうやって できるのかな。

こめは たんぼで つくられます。わたしたちが よく たべている しろい こめは、「うるちまい」と いう しゅるいの こめの からや かわを とりのぞいたものです。

もみ

から（もみがら）を とる。

げんまい

うすい かわ（ぬか）を とる。

はくまい

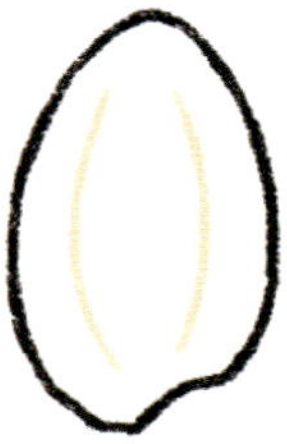

たく。

しろい ごはん

ちゃわん 1ぱいぶんの ごはんを 「いちぜん」と いうよ。

こめから できるもの

もち

むした もちごめを ついたもの。

いそべやき

そうに

ぜんざい（しるこ）

せんべい・あられ

せんべいは うるちまいから つくった きじを やいたもの。あられは もちごめから つくった きじを やいたもの。

さけ

むした こめを はっこうさせて しぼったもの。

こめが できるまで

たうえを する
いねの なえを うえる。

いねを そだてる
いねが そだって おおきく なる。

いねが みのる
いねが そだって きいろに なる。

いねを かる
いねを かり、もみを とる。

からや かわを とる

わがしの ざいりょう

わがしなどの ざいりょうに なる「こめこ」は、こめを こなに したものです。いろいろな しゅるいが あります。

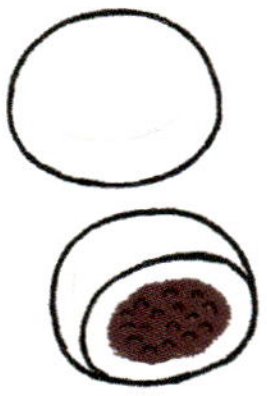

もちこ
だいふくなどの ざいりょう。

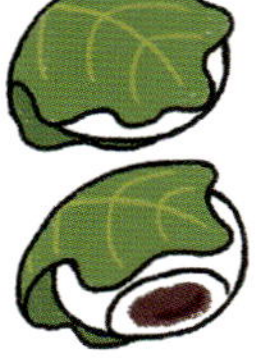

じょうしんこ
かしわもちなどの ざいりょう。

どうみょうじこ
さくらもちなどの ざいりょう。

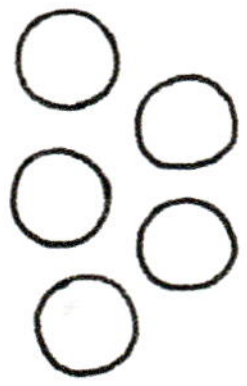

しらたまこ
しらたまだんごなどの ざいりょう。

おうちの かたへ

日本の主食となっているのは「うるち米」で、赤飯やおこわ、餅などに使われるのは、粘り気の強い「もち米」です。うるち米ともち米は、含まれるでんぷんの種類が違うので、粘り気に差が出ます。

稲の育て方は、品種や育てる地域の気候などによって異なります。日本では種をまいて苗を作り、水を張った田に苗を植えつけて育てるのが一般的ですが、田に直接種をまく方法もあります。また、畑で栽培する稲（陸稲）もあります。

米はごはんとして食べるほか、粉にして菓子などに加工したり、酒や調味料の原料として使ったりもします。

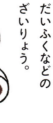

パン《ぱん》

パン《ぱん》やさんの ちかくを とおると
いい かおりが するね。
パン《ぱん》は どうやって
つくるのかな。

パン《ぱん》は こむぎこから つくります。

パン《ぱん》が できるまで

きじを つくる
こむぎこに、みず、しお、イースト《いーすと》などを まぜて きじを つくる。

きじを ふくらませる
きじに まぜた イースト《いーすと》の はたらきで、きじが ふくらむ。

パン《ぱん》の かたちに する
きじを ちぎったり まるめたりして かたちを つくる。

きじを ねかせる
しばらく おいて きじを やすませる。

やく
きじを オーブン《おーぶん》で やく。

あらねつを とる (↓49ページ)
やきあがった パン《ぱん》を しばらく おいて さます。

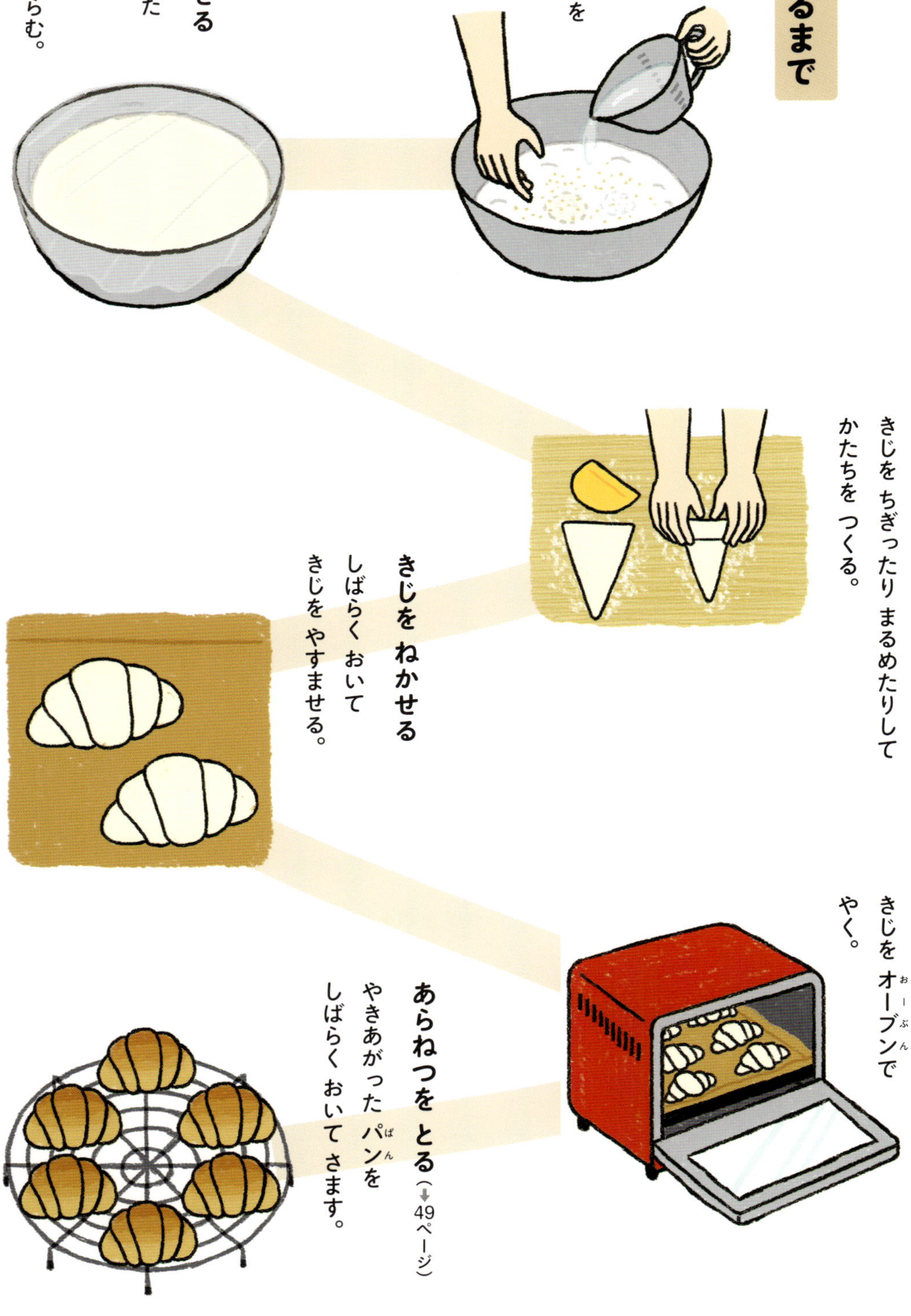

いろいろな パン《ぱん》

しょくパン《ぱん》
はこがたに いれて
やいた パン《ぱん》。
うすく きって たべる。

みみ
しょくパン《ぱん》の
そとがわの
ぶぶん。

フランスパン《ふらんすぱん》
そとがわが かたい、
しおあじの パン《ぱん》。
いろいろな かたちが ある。

クロワッサン《くろわっさん》
「クロワッサン《くろわっさん》」は フランス《ふらんす》ごで
「みかづき」と いう いみ。
バター《ばたー》が たくさん はいっている。
うすい きじが かさなっているので
さくさくしている。

ロールパン《ろーるぱん》
きじを まいて やいた パン《ぱん》。
ぐを はさんで
たべることも ある。

クロワッサン《くろわっさん》の
だんめん

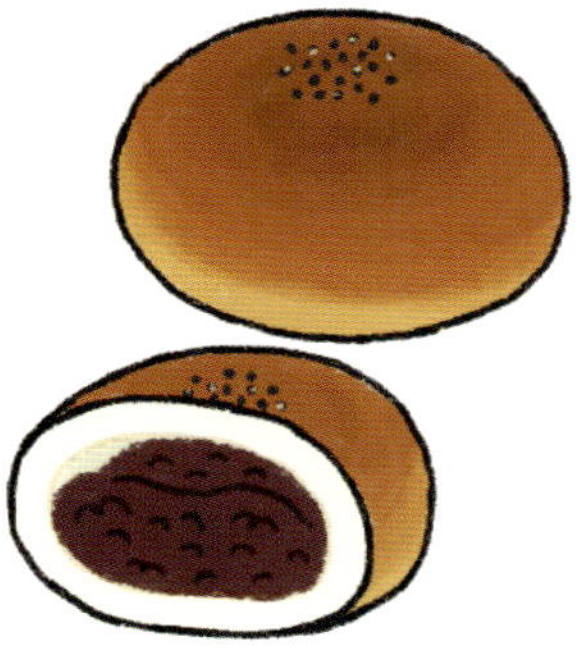

あんぱん
なかに あんこが
はいった パン《ぱん》。
にほんで うまれた。

パン《ぱん》の かぞえかた

パン《ぱん》は おおきさや
かたちで
かぞえかたが かわります。

1きん

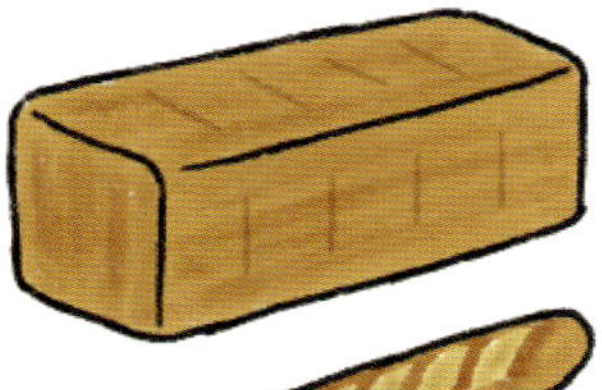

1ぽん

1まい

おうちの かたへ

ヨーロッパやアメリカでは、パンが主食です。パンの種類はとても豊富で、国や地域による特色もあります。日本で生まれたパンには、あんパン、ジャムを包んだジャムパンなどの菓子パンや、カレーを包んで油で揚げたカレーパンなどがあります。最近では、小麦粉ではなく米粉を使ったパンも人気です。

「斤」は、パンの重さをあらわす単位ですが、1斤の重さはイギリスの1ポンド（約450グラム）が元になっています。食パンは、種類や作り方によって大きさや重さが変わるため、日本では1斤の最低重量を340グラムと定めています。現在は350～400グラムを1斤として販売することが多いようです。

めん①

にほんには むかしから よく たべられて いる めんが あるよ。 いろいろな しゅるいが あるね。

うどん

こむぎこを しおみずで こねて うすく のばし、 ほそながく きったものが 「うどん」です。

うどんと おなじ ざいりょうで かたちや ふとさが ちがうものが あります。

そうめん

とても ほそい。

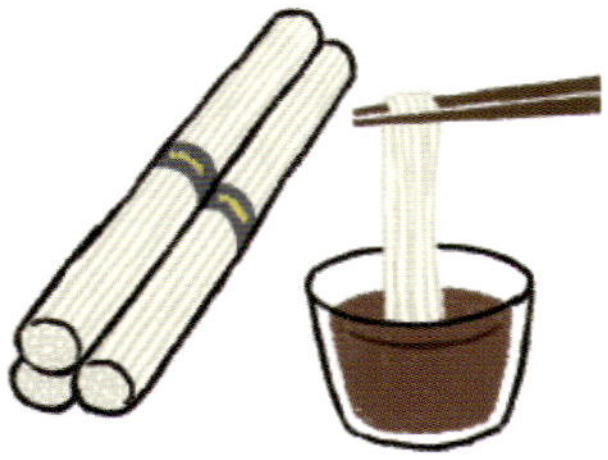

ひやむぎ

うどんと そうめんの あいだの ふとさ。

きしめん

ひらたい。

そば

そばこを みずで こねて うすく のばし、 ほそながく きったものが 「そば」です。

そばを つける つゆを 「そばつゆ」と いう。

としこしそば

おおみそか (12がつ31にち)に たべる そばを 「としこしそば」と いいます。

うどんや そばの たべかた

かけ

あたたかい つゆを
かけた うどんや そば。

ざる

ざるに もった
うどんや そば。
つゆに つけて
たべる。

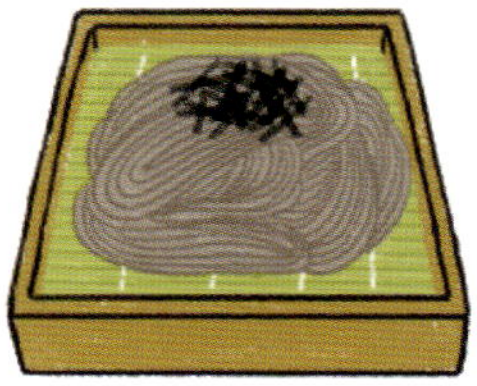

つきみ

なまたまごを のせた
うどんや そば。
きみが つきのように
みえることから
「つきみ」と いう。

やまかけ

すりおろした
やまのいもを
かけた
うどんや そば。

おぼろ

おぼろこんぶを のせた
うどんや そば。
すきとおって
むこうがわが
おぼろげに みえるので
「おぼろ」と いう。

ちから

もちを いれた
うどんや そば。
もちを たべると
ちからが でることから
「ちから」と いう。

きつね・たぬき

あぶらあげや あげだまを のせた うどんや
そばを、「きつね」や「たぬき」と よぶ。
ちいきで よびかたが かわる。

あぶらあげ

あげだま

おうちの かたへ

うどんは小麦粉から作られており、きしめん、冷や麦、そうめんなども作り方はほぼ同じです。これらは、おもに太さによって呼び分けられています。そばの主原料は、そばの実を粉にしたそば粉です。大晦日に食べる「年越しそば」の由来には、そばが細く長いことから長寿を祈る、そばが切れやすいことから一年の苦労を切り捨てる、などさまざまな説があります。

うどんやそばにはいろいろな食べ方がありますが、呼び方にも地域性があります。例えば関東では、「きつね」は油揚げ、「たぬき」は揚げ玉をのせたもの。でも関西では、油揚げをうどんにのせると「きつね」、そばにのせると「たぬき」となります。

めん②

ラーメン《らーめん》や スパゲッティ《すぱげってぃ》は、めんを つかった りょうりだよ。しるや ソース《そーす》で いろいろな あじに なるね。

ちゅうかめん

こむぎこに ふつうの みずと「かんすい」と いう みずを まぜて こねたものが「ちゅうかめん」です。ラーメン《らーめん》や やきそばに つかわれます。

ラーメン《らーめん》

やきそば

ラーメン《らーめん》の あじ

ラーメン《らーめん》には いろいろな あじの スープ《すーぷ》が あります。

しょうゆ

みそ

しお

とんこつ
ぶたの ほねから つくった スープ《すーぷ》。

せかいの めん

せかいには いろいろな めんが あります。

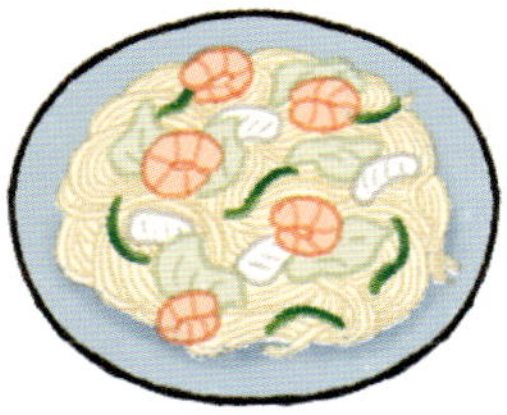

ビーフン《びーふん》
ちゅうごくの めん。
こめから つくる。

フォー《ふぉー》
ベトナム《べとなむ》の めん。
こめから つくる。

れいめん
かんこくの めん。
そばこなどから つくる。

パスタ《ぱすた》

こむぎこと みずを こねた
めんが「パスタ《ぱすた》」です。
イタリア《いたりあ》りょうりに
つかわれます。

いろいろな パスタ《ぱすた》

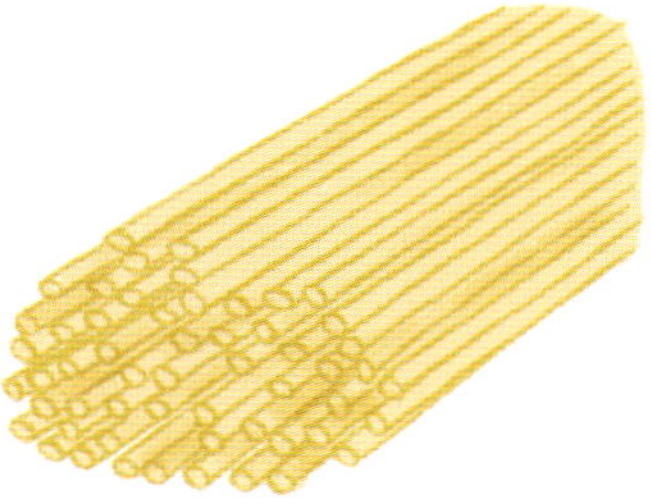

スパゲッティ《すぱげってぃ》
ほそながい パスタ《ぱすた》。

マカロニ《まかろに》
グラタン《ぐらたん》や サラダ《さらだ》に
つかう みじかい パスタ《ぱすた》。

ラザニア《らざにあ》
ひらたい パスタ《ぱすた》。

めんの こしと しん

うどん、そば、ラーメン《らーめん》は
「こし」が なくならないように
ゆですぎに ちゅういします。

こし
はごたえが しっかり
していること。

スパゲッティ《すぱげってぃ》は「しん」が
すこし のこるくらいの かたさに
ゆでます。

おうちの かたへ

中国で生まれた麺類を「中華麺（中華そば）」といいます。原料は小麦粉ですが、「かん水（炭酸ナトリウムなどを含むアルカリ性の水）」を加えて練ることによって小麦粉に弾力が生まれ、独特の色や風味、歯ごたえになります。現在ではかん水の代わりに卵などを使った無かん水麺も作られています。

パスタはイタリアで生まれた麺です。細長いロングパスタと、短くていろいろな形のショートパスタがあります。

パスタは、軽く歯ごたえが残る「アルデンテ」に仕上げるのが基本。中華麺やうどん、そばなどの麺類も、適度なこしが残る程度にゆでると、おいしく食べられます。

つくってみよう

おにぎり

きれいな かたちに にぎってみよう。

ざいりょう

（4 こぶん）

うめぼし … 2 つ
ごはん
… ちゃわん 4 はいぶん
しお … しょうしょう

つかう どうぐ

ちゃわん
ラップ《らっぷ》

① うめぼしの たねを とる。
みを はんぶんに わける。

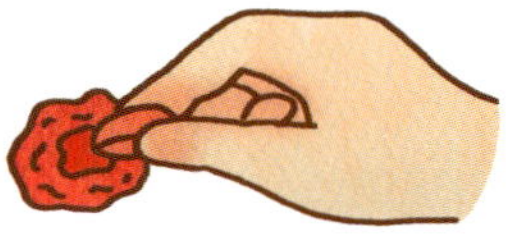

② ちゃわんに ごはんを よそい、
ごはんの まんなかに
うめぼしを いれる。
うめぼしの うえに
ごはんを すこし のせる。

③ たいらな ところに ラップ《らっぷ》を
しいて、しおを ふりかける。

④ ラップ《らっぷ》の うえに ごはんを
のせる。

⑤ ラップ《らっぷ》の はじを あわせて、
ごはんを つつむ。

⑥ てるてるぼうずを つくる
ように ぎゅっと ねじる。
しあげに りょうてで つつむ
ようにして かたちを ととのえ、
ラップ《らっぷ》を はずす。

できあがり

のりで まいて
たべても
おいしい。

うめぼしの かわりに
やきざけを いれたり
ふりかけを まぜたりして
にぎっても おいしいよ。

5 にく・さかな

スーパーマーケット《すーぱーまーけっと》に
いったよ。
いろいろな しゅるいの
おにくと おさかなが
うっていたよ。

とりにく

おやこどんは どうして「おやこ」と いう なまえが ついているのかな。

とりにくは あじが あっさりと しています。
いろいろな りょうりに つかいます。

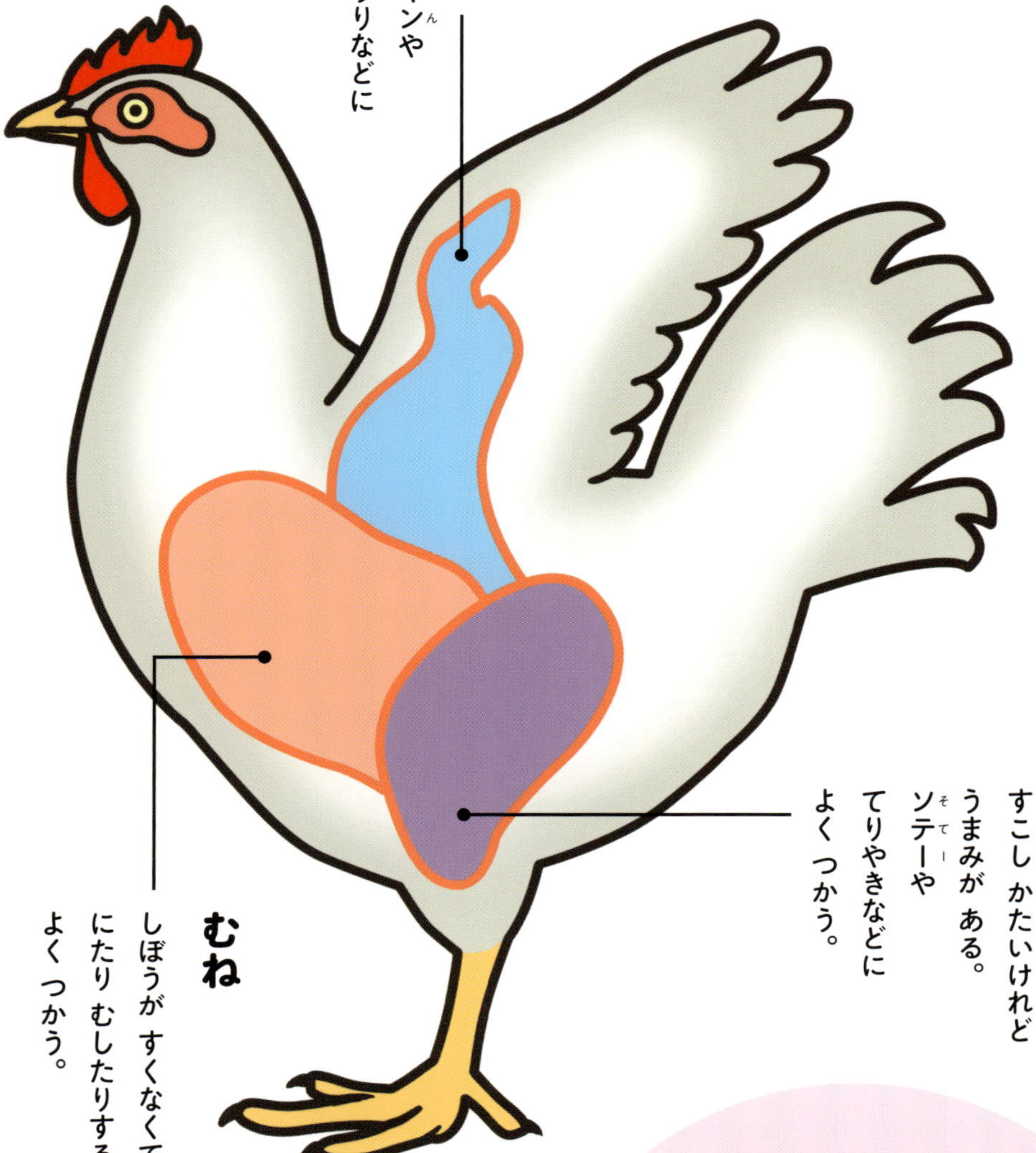

てば
てばさきと てばもとに わけられる。
フライドチキン《ふらいどちきん》や にこみりょうりなどに よく つかう。

もも
すこし かたいけれど うまみが ある。
ソテー《そてー》や てりやきなどに よく つかう。

むね
しぼうが すくなくて やわらかい。
にたり むしたりする りょうりに よく つかう。

たまご（➡120ページ）
わたしたちが ふだん たべている たまごは にわとりが うんだもの。

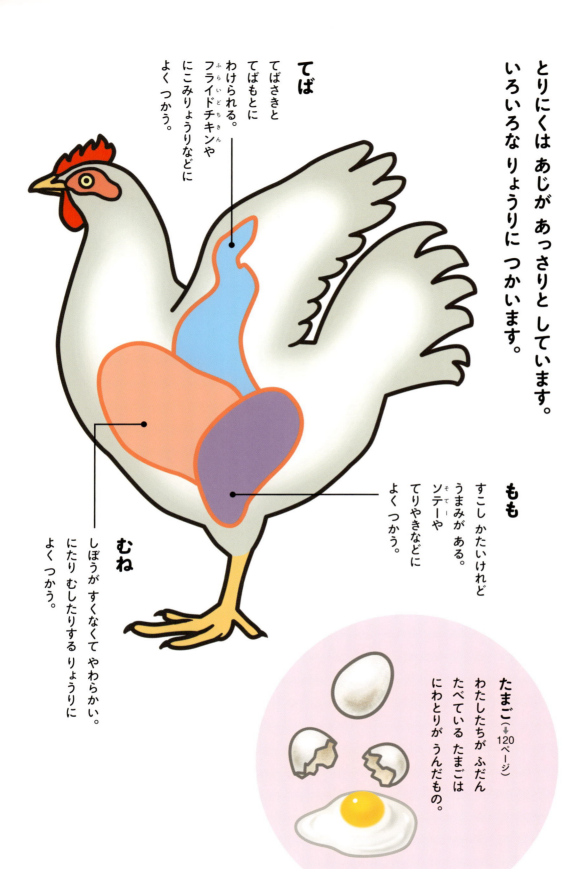

とりにくを つかった りょうり

やきとり
くしに さして やく。

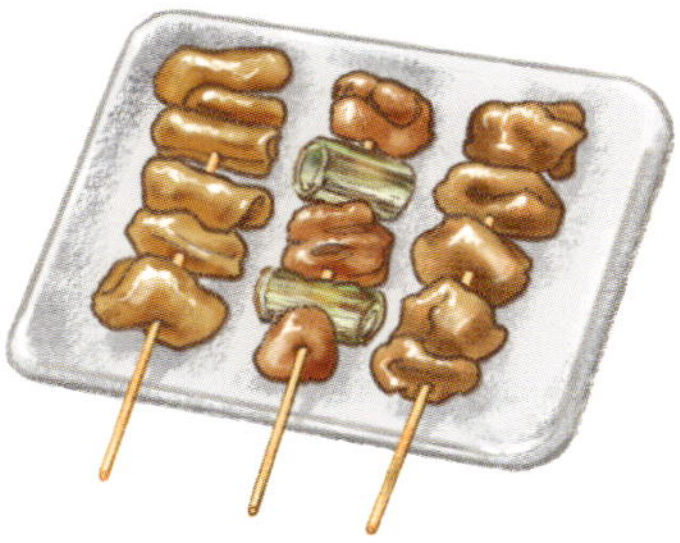

からあげ（➜29ページ）
（➜29ページ）
こむぎこや かたくりこを まぶして あげる。

バンバンジー《ばんばんじー》
むして ごまの ソース《そーす》を かける。

ローストチキン《ろーすとちきん》
まるごと やく。

おやこどん
とりにくと たまごを つかうので 「おやこ」と いう。

とりにくに かんけいする ことば

てばさき
とりの はねの さきの ぶぶん。

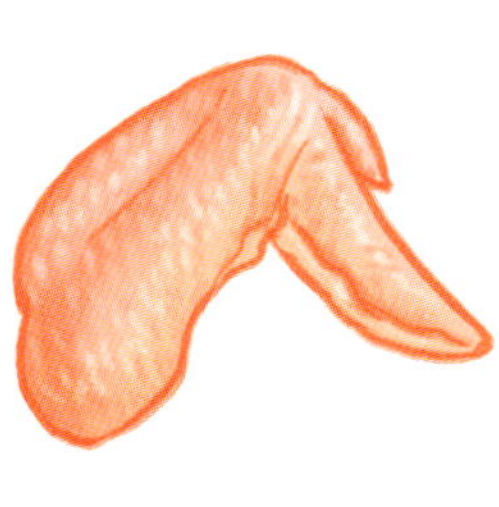

てばもと
とりの はねの ねもとの ぶぶん。

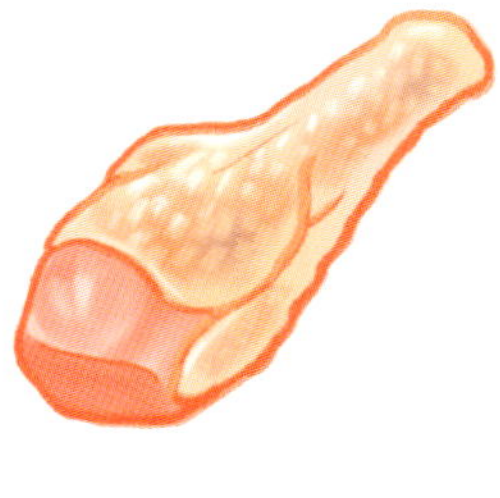

ささみ
むねの うちがわに ある ささのはの かたちに にた にく。

おうちのかたへ

鶏肉は脂質が少なく、肉の繊維も細めなので、やわらかく、消化がよいのが特徴です。また、牛肉や豚肉のほとんどは皮を取り除いた状態で売られていますが、鶏肉は皮つきのものが一般的です。牛肉や豚肉の脂肪が赤身の間に入り込んでいるのに対し、鶏肉の脂質は皮に集中しています。

もも肉やむね肉は、厚みを半分にするように切り込みを入れて左右に開く（観音開き）、手羽元は骨に沿って包丁を入れるなど、部位に合わせて均一に火を通すための切り方があります。

ささみはむね肉に近接しており、タンパク質が豊富に含まれています。牛肉や豚肉でいうヒレにあたるやわらかな肉です。

ぶたにく

かつどんを たべると
ちからが わくね。
ぶたにくは、
どんな りょうりに なるのかな。

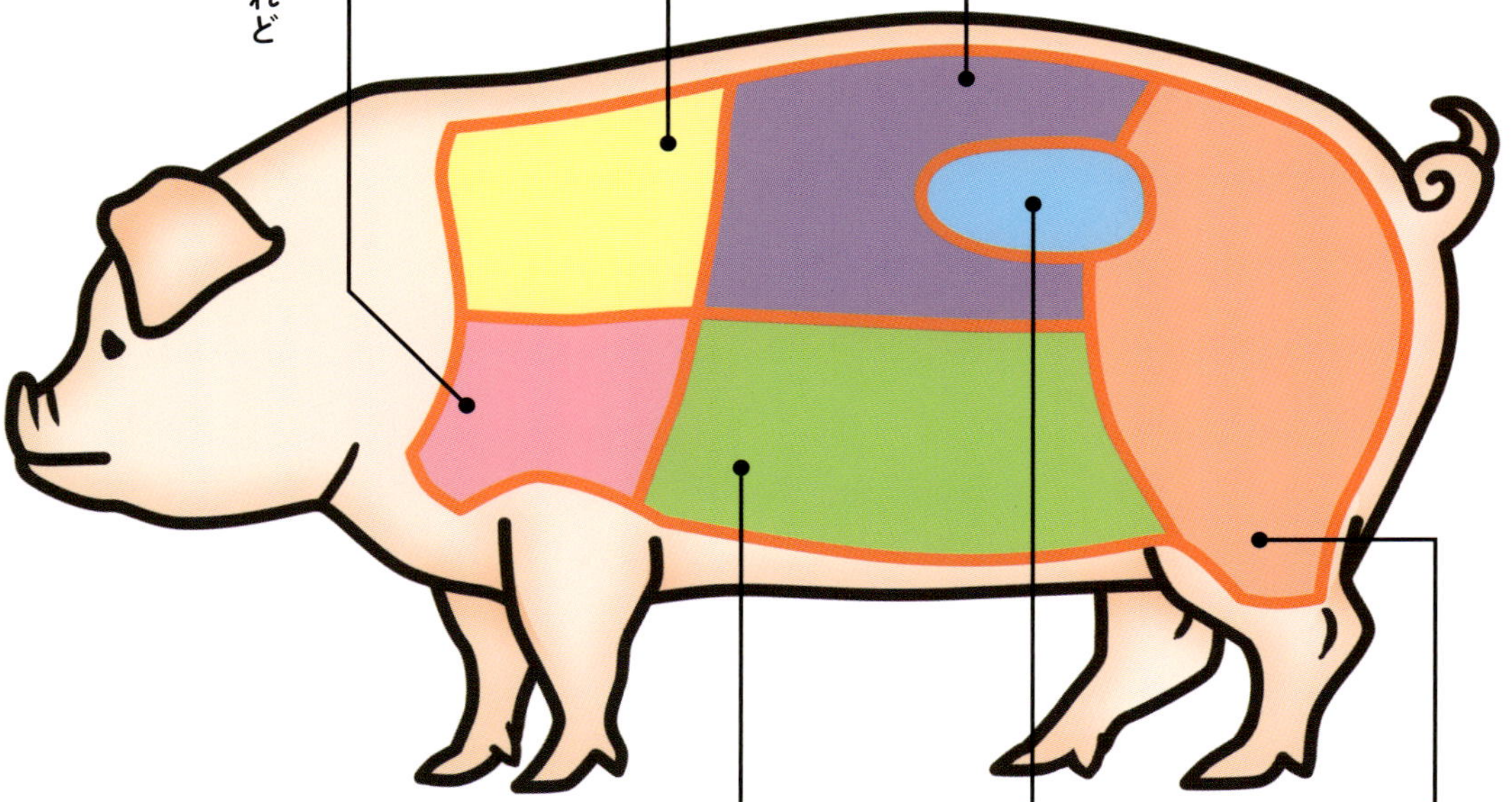

ロース《ろーす》
にくの ひょうめんが しぼうで おおわれていて やわらかい。とんかつなどに よく つかう。

かたロース《ろーす》
ロース《ろーす》よりも かたい。しょうがやきなどに よく つかう。

かた
すこし かたいけれど うまみが ある。カレー《かれー》などに よく つかう。

もも
しぼうが すくなく、あっさりした あじ。チャーシュー《ちゃーしゅー》などに よく つかう。

ひれ
もっとも やわらかい ところ。しぼうが すくない。とんかつなどに よく つかう。

ばら
しぼうと あかみが そうに なっている。かくになどに よく つかう。

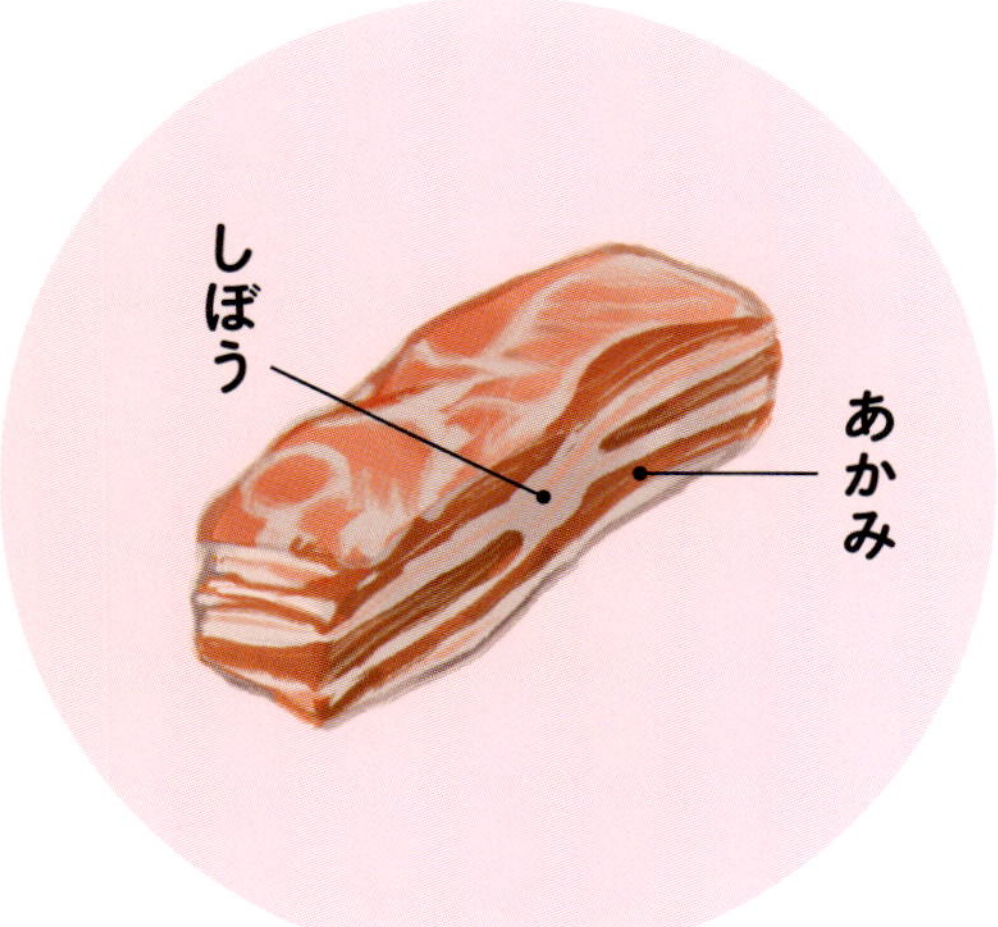

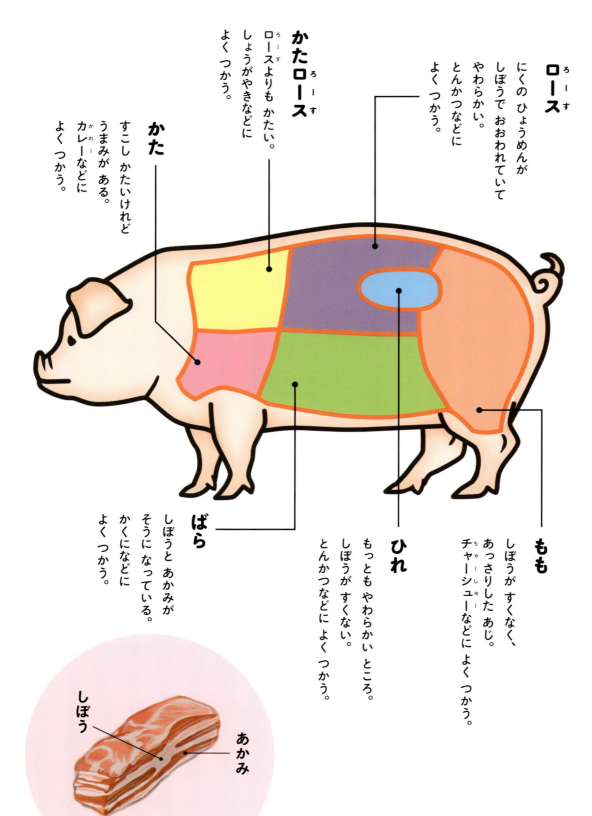

ぶたにくを つかった りょうり

とんかつ
パン《ぱん》こを つけて あげる。

すぶた
こなを つけて あげてから、あまずあんと からめる。

かくに
しかくく きって あまからく にる。

しょうがやき
しょうがの たれに つけて やく。

チャーシュー《ちゃーしゅー》
しるに つけたものを あぶる。

ぶたにくの かこうしょくひん

ベーコン《べーこん》
ぶたの ばらにくなどを しおに つけて けむりで いぶしたもの。

ハム《はむ》
ぶたの ももにくや ロース《ろーす》にくを しおに つけて いぶし、ひを とおしたもの。

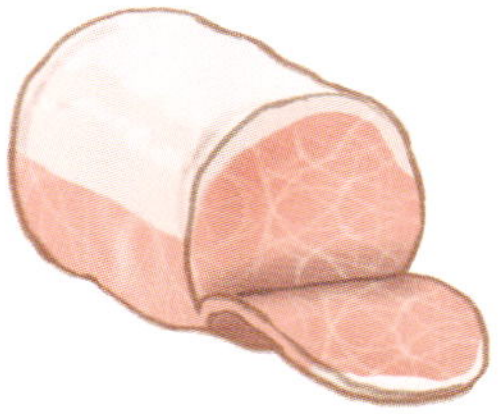

ソーセージ《そーせーじ》
あじつけした ひきにくと ちょうみりょうなどを まぜて、ひつじなどの ちょうに つめ、むしたり いぶしたりしたもの。

おうちの かたへ

豚肉は、さまざまな加工肉の原料としても使われています。ハムの中で最もよく目にするのは、ロースで作ったハムを薄くスライスしたものです。ハムは燻製にしたあと加熱したものが一般的ですが、熱処理をしない「生ハム」も出回っています。ソーセージの種類はとても豊富です。「腸詰め」とも呼ばれ、

種類によって中に詰める肉の種類や、味つけをする調味料やスパイスの配合、形や大きさなどが異なります。「ウインナー」「フランクフルト」もソーセージの一種で、ソーセージのうち、太さが20ミリ未満のものをウインナー、20ミリから36ミリのものをフランクフルトといいます。

ぎゅうにく

きょうは ハンバーグ《はんばーぐ》を
たべたよ。
おにくを やくと
おいしいね。

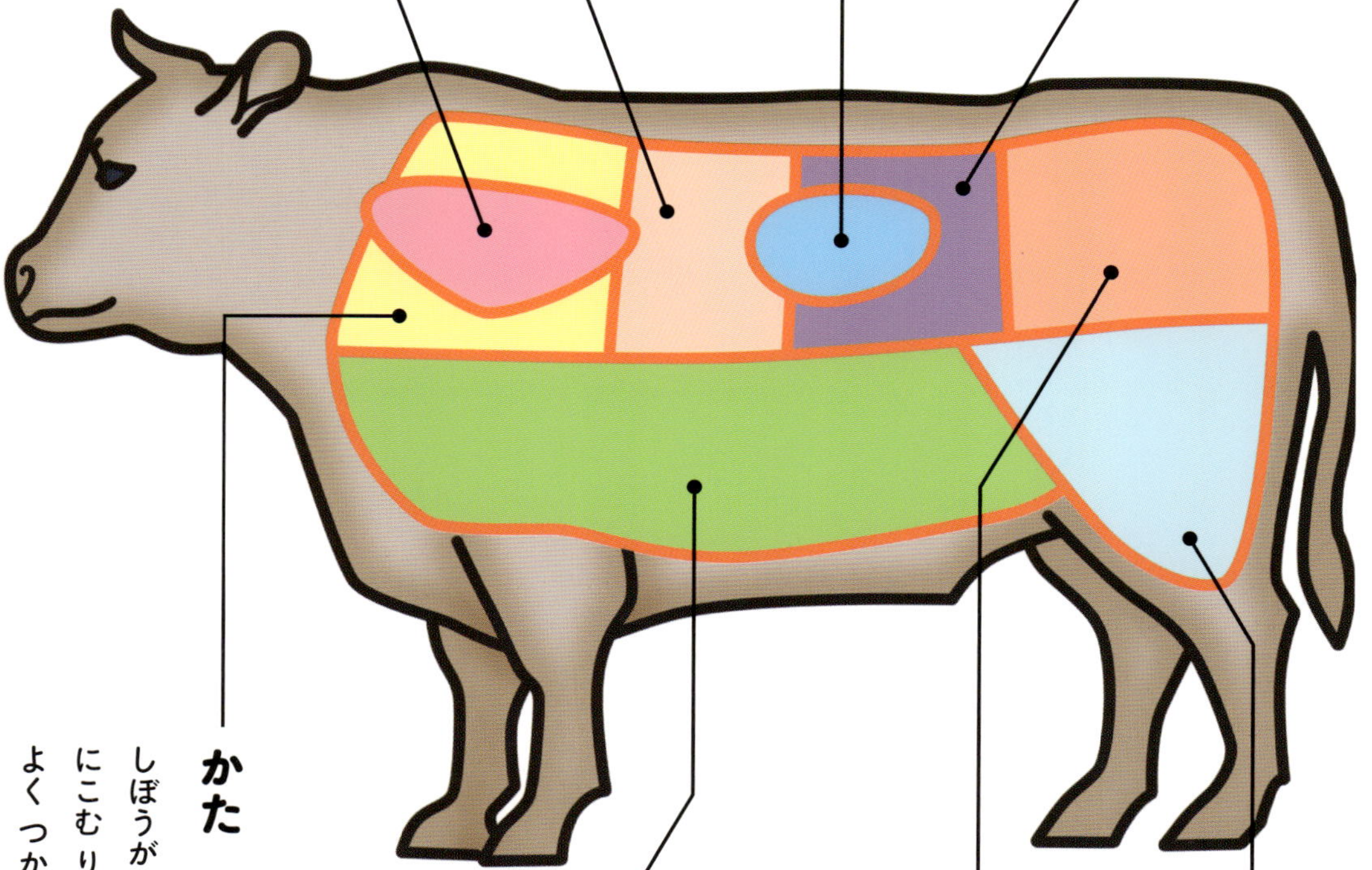

サーロイン《さーろいん》
やわらかくて うまみが おおい。
ステーキ《すてーき》に よく つかう。

ひれ
しぼうが すくなくて やわらかい。
サーロイン《さーろいん》の うちがわに ある。
ステーキ《すてーき》や バター《ばたー》やきなどに
よく つかう。

リブロース《りぶろーす》
あつみが あって やわらかい。
ローストビーフ《ろーすとびーふ》などに
よく つかう。

かたロース《ろーす》
ほどよく あぶらが
のっている。
やきにくや すきやきなどに
よく つかう。

もも
しぼうが すくない あかみの にく。
やきにくや ローストビーフ《ろーすとびーふ》などに
よく つかう。

ランプ《らんぷ》
やわらかい あかみの にく。
しぼうが すくない。
ローストビーフ《ろーすとびーふ》や すきやき、
やきにくなどに よく つかう。

ばら
しぼうと あかみが
そうに なっている。
すこし かたいが うまみが ある。
すきやきなどに よく つかう。

かた
しぼうが すくなくて かたい。
にこむ りょうりなどに
よく つかう。

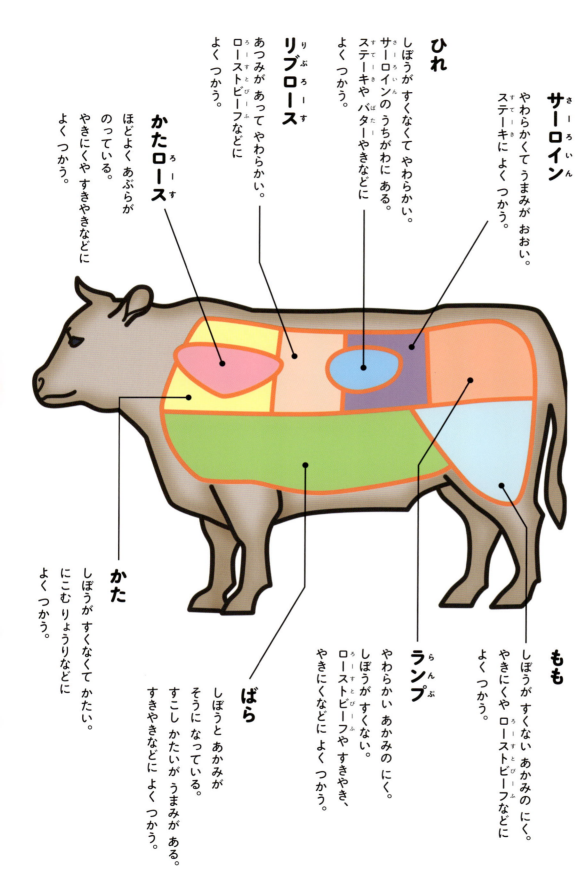

ぎゅうにくを つかった りょうり

ハンバーグ《はんばーぐ》
ひきにくを こねて やく。

ステーキ《すてーき》
ぶあつい にくを
あぶらを ひいて やく。

にくじゃが
じゃがいもなどと
にこむ。

すきやき
とうふや ねぎなどと
いっしょに あまからく にる。

ローストビーフ《ろーすとびーふ》
かたまりを
むしやきに する。

ぎゅうにくに かんけいする ことば

タン《たん》
した。
やいたり
にたりして たべる。

テール《てーる》
しっぽ。
スープ《すーぷ》などの
ざいりょうに する。

レバー《ればー》
かんぞう。
ちを ぬき、
やいたり
いためたりして
たべる。

おうちのかたへ

牛肉には、「和牛」「国産牛」「輸入牛」があります。「和牛」とは、在来牛を改良した4品種の牛と、その間の交配種のこと。「国産牛」とは、品種を問わず日本で3か月以上育てられた牛のこと。「輸入牛」は、海外から輸入された牛肉のことです。豚肉と同様、加工食品も広く食べられています。塩漬けにしたコンビーフや、調味液に漬けて燻したビーフジャーキーなどがその代表です。

牛肉は表面を焼けば食中毒の危険は減ります。ビーフステーキの焼き方を選べるのはそのためです。ただし、子どもは、中まで十分に火を通したものを食べたほうが安心です。

いろいろな にく

おとうさんは いのししの にくを たべたことが あるんだって。どんな あじなのかな。

とり、ぶた、うし いがいの にくを たべることも あります。

ひつじ
こどもの にくを ラム《らむ》、おとなの にくを マトン《まとん》と いう。やいたり にたりして たべる。

いのしし
くさみが ある。なべなどに して たべることが おおい。

かも
やわらかい。そばなどに いれることも ある。

うま
あまみが ある。すきやきなどに して たべる。

しか
しぼうが すくない あかみの にく。なべなどに して たべる。

にくの べつの よびかた

さくら
うまの にく。さくらの はなに いろが にていることから。

かしわ
とりの にく。むかしから にほんに いる とりの はねの いろが かしわの はに にていることから。

ぼたん
いのししの にく。ぼたんの はなに いろが にていることから。

もみじ
しかの にく。むかしの うたの なかに しかと もみじを よんだ うたが あったことから。

にくに かんけいする ことば

ひきにく

にくを こまかく きざんだもの。「ミンチ《みんち》」とも いう。

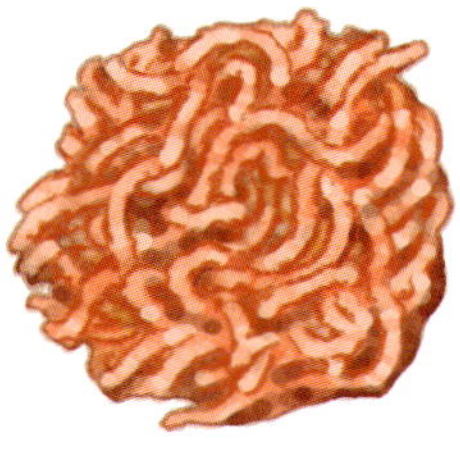

あいびきにく

うしの ひきにくと ぶたの ひきにくを まぜたもの。

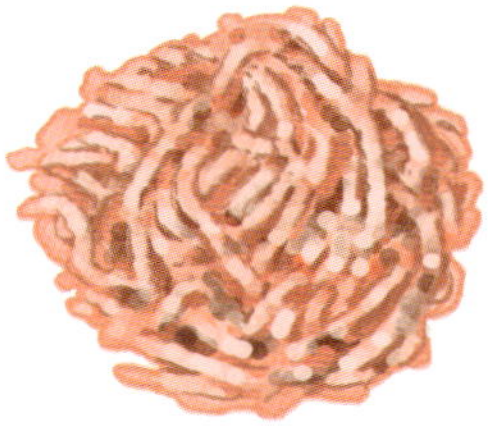

ブロック《ぶろっく》

かたまりの にく。

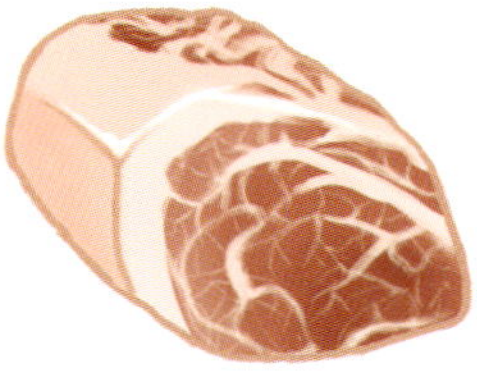

うすぎり

うすく きってある にく。

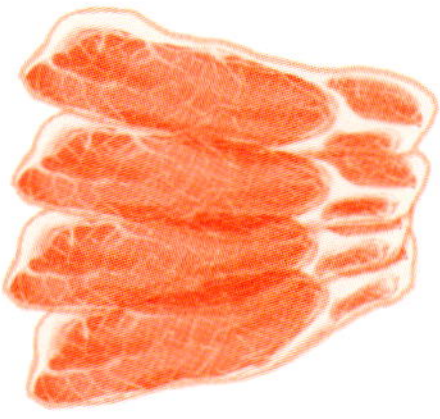

こまぎれ

いろいろな ぶぶんの にくの はしの ところを うすく きったもの。

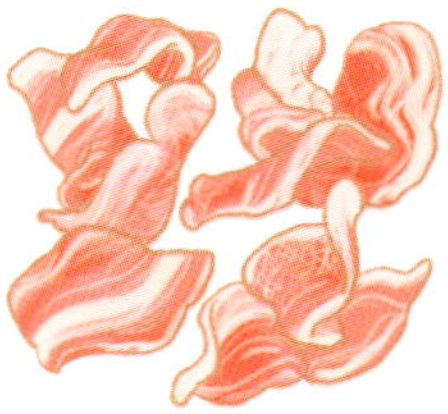

きりおとし

きまった ぶぶんの にくを きった あまりの ところを うすく きったもの。

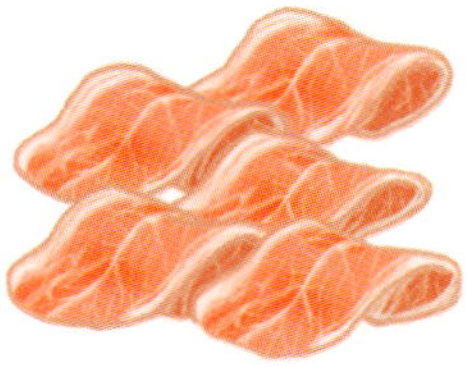

にくは なまでは たべない

にくを なまで たべると おなかを こわすことが あります。いのちに かかわることが あるので、ひを とおしてから たべるように しましょう。

ひが とおると いろが かわる。

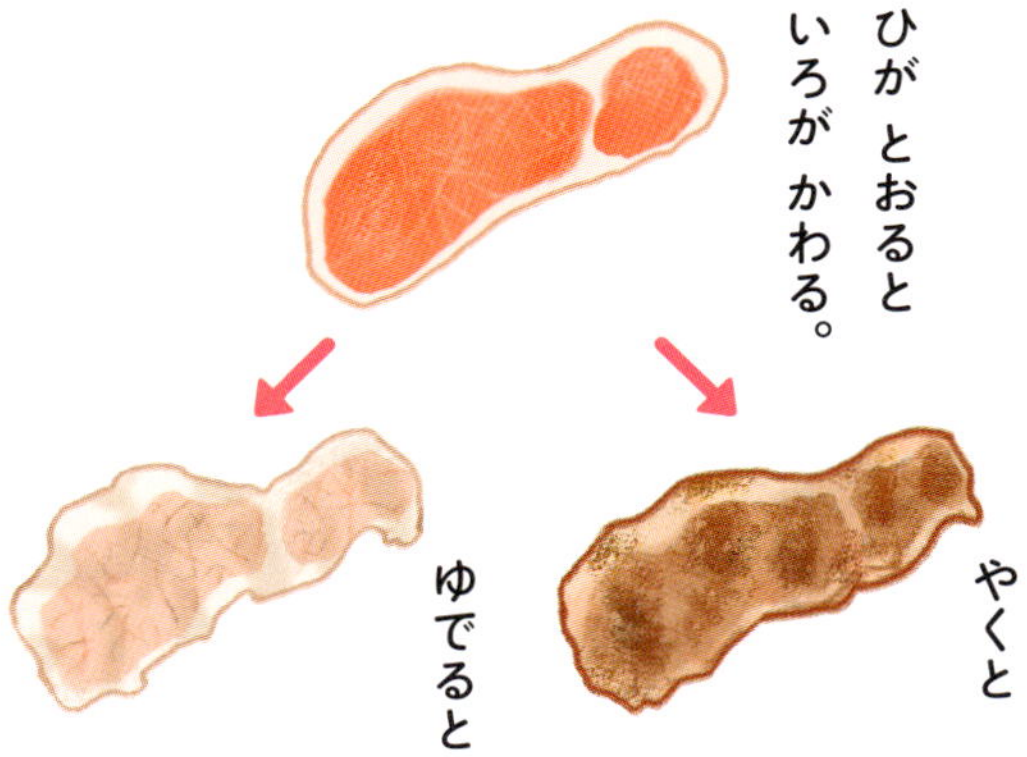

おうちのかたへ

日本で一般的に食用とされている肉は、畜肉と呼ばれる「牛、豚、羊、馬、山羊」、家禽肉と呼ばれる「鶏、七面鳥、うずら、あひる、合鴨」などです。実際に消費されるのは牛、豚、鶏がほとんどですが、猪や鹿、鴨、キジなど、野生の動物や鳥が料理に使われることもあります。

古い時代の日本では、たびたび動物の殺生や肉食が禁じられていました。江戸時代には、「体のため」という建前で、「薬食い」として肉を食べていたといわれています。「さくら（馬肉）」「かしわ（鶏）」などの呼び方は、堂々と肉を食べられなかった時代に、隠語として使われていたものです。

さかな① からだの ぶぶんの なまえ

さかなの からだは ほかの いきものとは ちがって いるね。どんな なまえが ついて いるのかな。

さかなの からだの ぶぶんには いろいろな なまえが ついています。

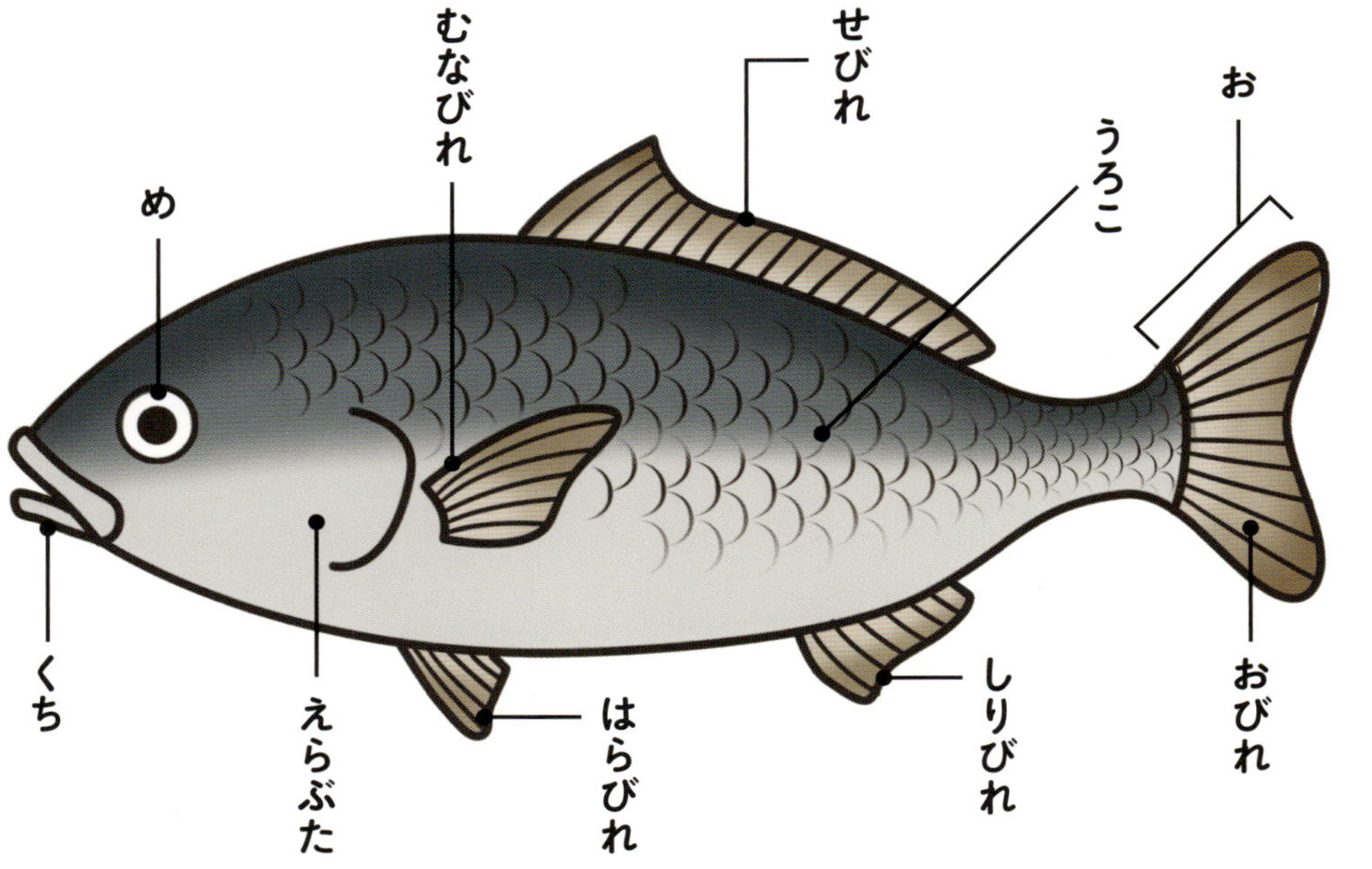

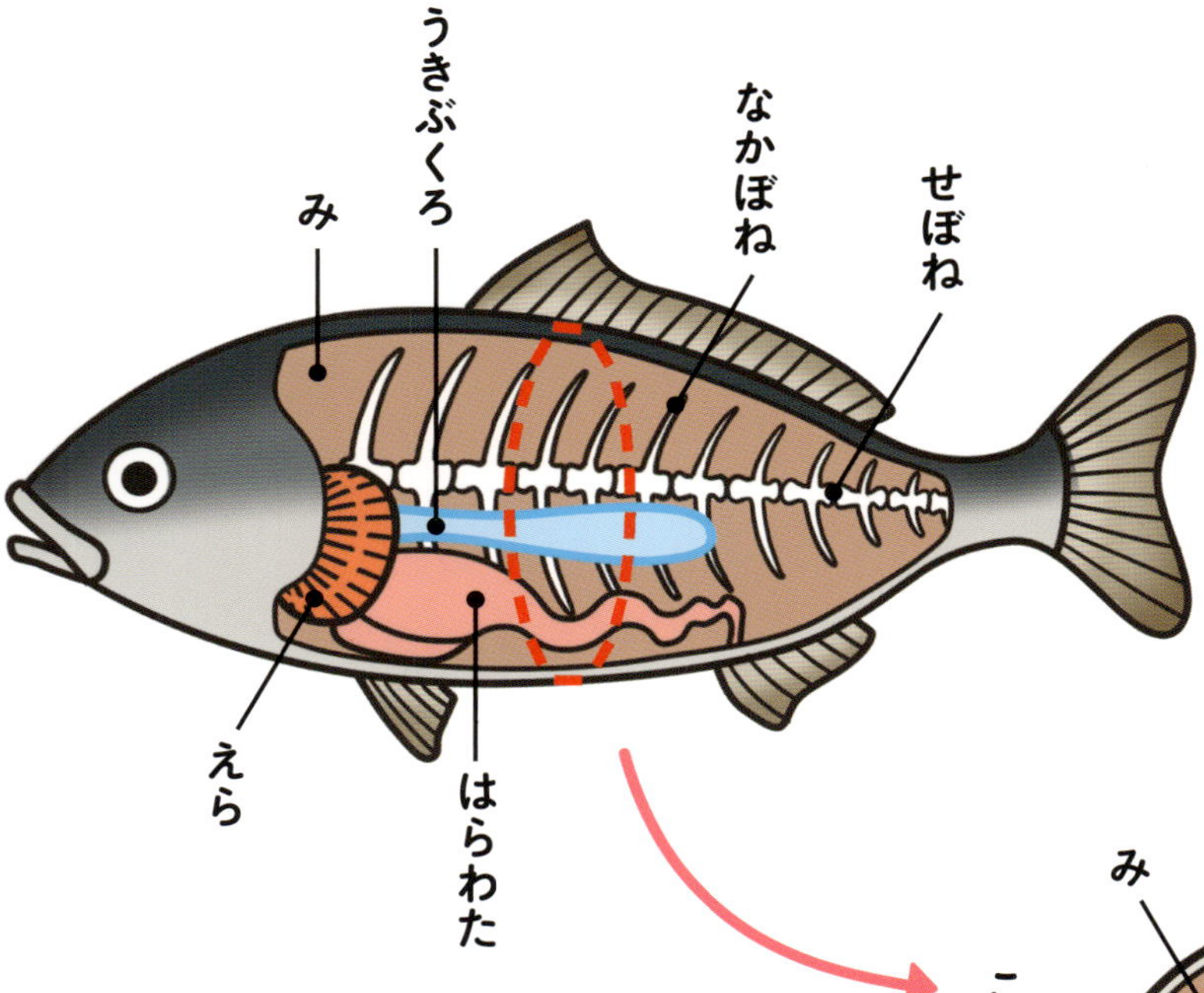

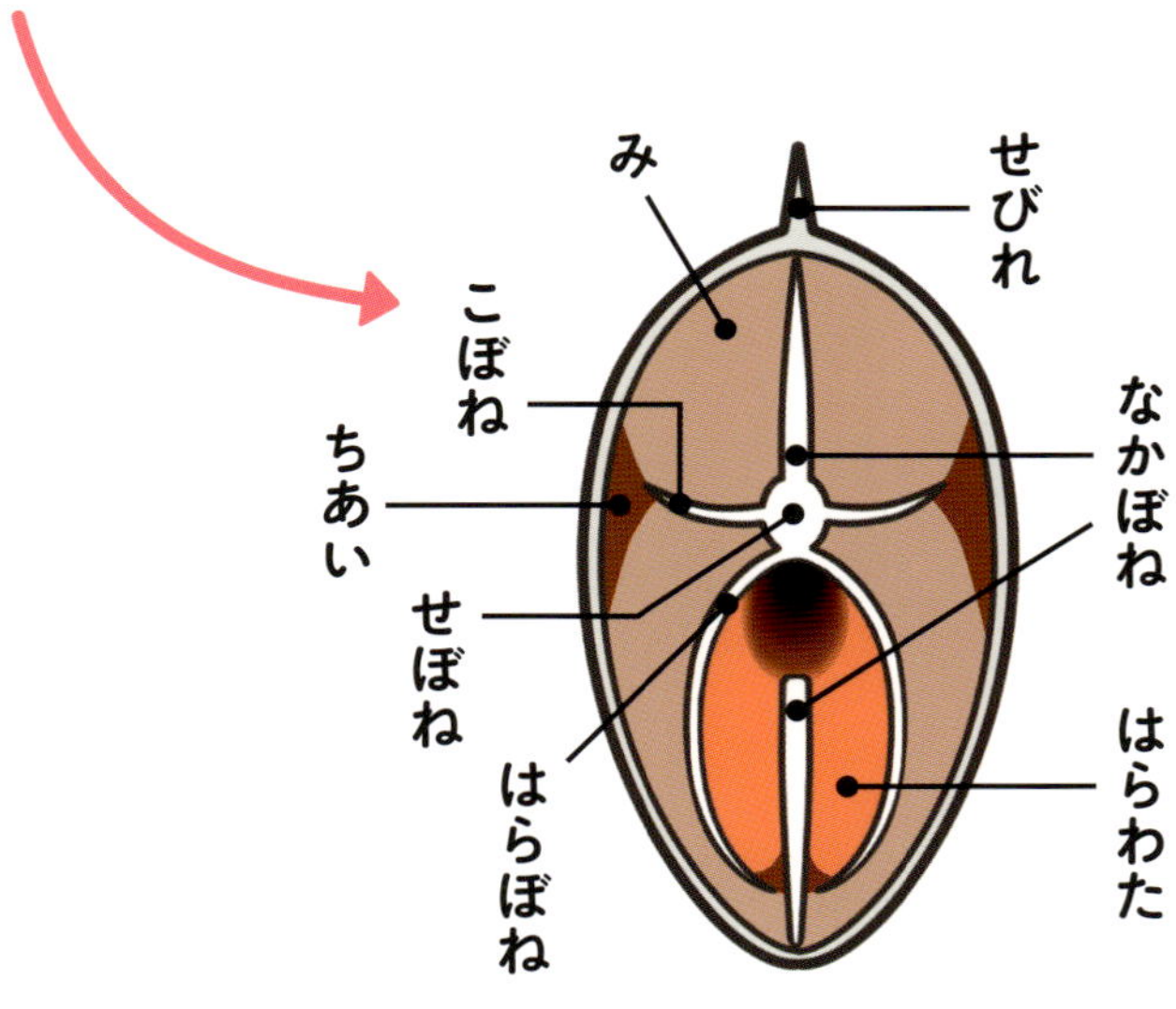

さかなは いろいろな ほうほうで りょうりして たべます。

なまで たべる

さしみ（→82ページ）

すし（→85ページ）

にて たべる

かくに（→82ページ）

あげて たべる

フライ《ふらい》（→86ページ）

しるに いれて たべる

うしおじる（→84ページ）

つみれじる（→86ページ）

やいて たべる

しおやき（→88ページ）

ムニエル《むにえる》（→83ページ）

かばやき（→87ページ）

おうちのかたへ

日本の食事の特徴のひとつが、魚をはじめとする海産物を多く食べることです。明治時代までは肉食が盛んではなかったため、海産物がおもなタンパク源でした。日本は周りを海に囲まれた地形であるため、新鮮な魚介類が手に入りやすかったのです。海から離れた内陸部でも、アユやコイやサケのような川魚が食べられていました。

正月に食べるおせちに小魚を使った田作りがあったり、成人式や結婚式などのお祝いの席では尾頭つきの鯛がふるまわれたりするなど、日本の食文化や行事には魚を使った料理が深く根づいています。

さかな②
みが あかい さかな

まぐろは あかい みを
しているね。
あかい みの さかなは
ほかにも いるのかな。

まぐろ

おおきな さかな。
さしみに したり、
かこうして
かんづめ（➡93ページ）に
したりする。

あかみ

まぐろの せなかや
おの にく。
あぶらが すくない。

ちゅうとろ

まぐろの はらの、
おに ちかいほうの にく。
あぶらが のっている。

おおとろ

まぐろの はらの、
あたまに ちかいほうの にく。
あぶらが たくさん のっている。

まぐろは とても
おおきいので
みせでは
きったものを
うっている。

ステーキ《すてーき》

さしみ

かくに

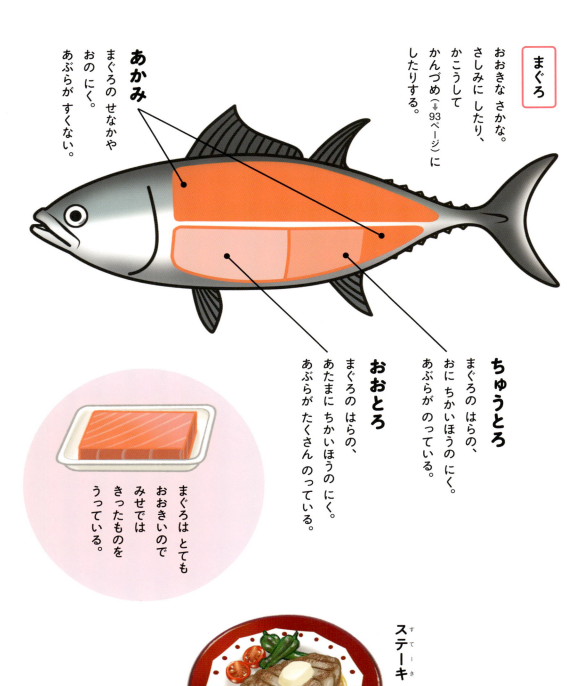

さけ

かわで うまれ、
うみで
そだつ さかな。
あぶらが
のっている。

やきざけ

ホイル《ほいる》やき

サーモン《さーもん》

すしや さしみで
たべることの おおい
サーモン《さーもん》も
さけの なかまです。

マリネ《まりね》

ムニエル《むにえる》

かつお

はるの かつおは
さっぱりしていて、
あきの
かつおは
あぶらが
のっている。

かつおぶし
（→146ページ）
かつおぶしは
かつおから
つくる。

たたき

かつおの たたき

かつおの みを ひで
あぶって きったものに
ちょうみりょうを かけます。
かるく たたいて あじを
しみこませます。

おうちの かたへ

マグロやカツオなどの回遊魚には、長時間泳ぎ続けるための筋肉が必要です。この筋肉には酸素の供給にかかわる2種類の成分が豊富に含まれています。これらの成分が赤い色をしているため、身の色が赤く、「赤身魚」と呼ばれます。

日本でのカツオの旬は、初夏と秋の2回あります。初夏に獲れる「初ガツオ」はさっぱりした味わいが特徴です。秋に獲れる「戻りガツオ」はサイズも大きく、脂がのっています。

サケは川でふ化して海で成長し、生まれた川に戻ってきて産卵します。身は赤っぽい色をしていますが、マグロなどとは筋肉に含まれる色素の種類が違うため、「白身魚」に分類されます。

さかな③ みが しろい さかな

よせなべで たべた
さかなは みが
しろかったよ。
なまえは なんだろう。

たい

かわは あかく みは しろい。
おいわいごとで たべる
えんぎの よい さかな。

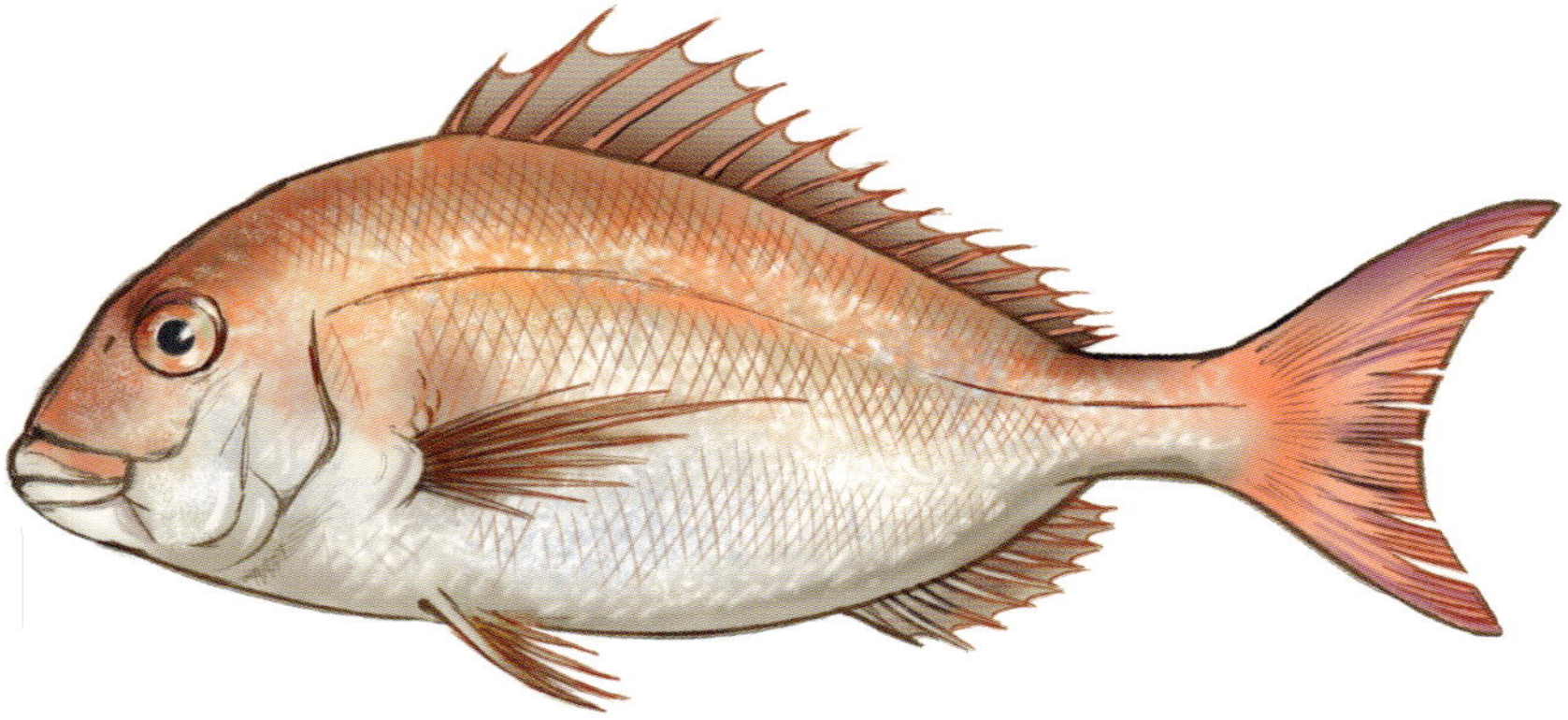

たいめし
たいを まるごと
1ぴき たきこむ。

うしおじる
あたまや
ほねなどを
だしに した
おすいもの。

おかしらつき
お（しっぽ）と
かしら（あたま）を
つけたまま やいた
りょうり。

たら

さむい うみで
とれる さかな。
かまぼこなどの
ざいりょうにも
する。

よせなべ
さかなや にく、
やさいなどが
はいった なべ。

さわら

みが やわらかく、
ほそながい
さかな。

さいきょうやき
あまい しろみそに
つけて やいた もの。

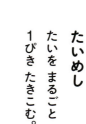

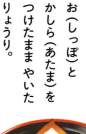

ひらめ

うみの そこに すむ さかな。ひらたい からだを していて、くちが おおきい。

かれい

うみの そこに すむ さかな。ひらたい からだを していて、くちが ちいさい。

にぎりずし

「えんがわ」は ひれの ちかくの きんにくの ぶぶん。

につけ

きりこみを いれると あじが よく しみる。

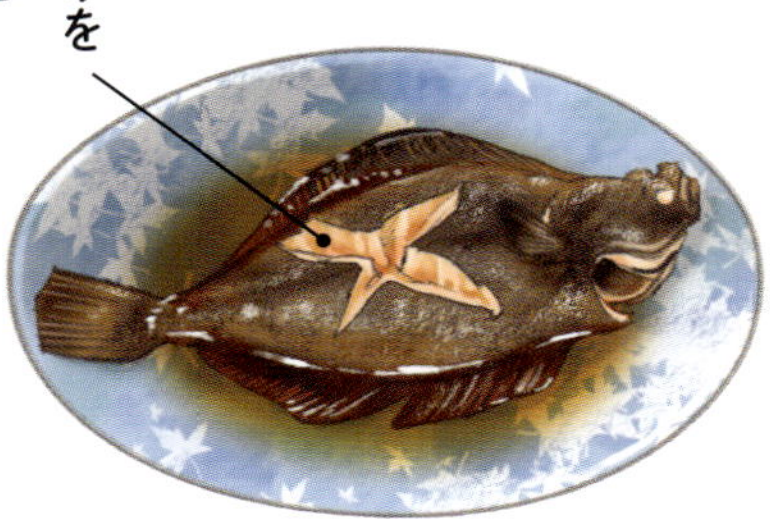

ぶり

ふゆに あぶらが のる さかな。

ぶりだいこん

なまえが かわる さかな

からだの おおきさで なまえが かわる さかなが います。

かんとうちほうの ばあい

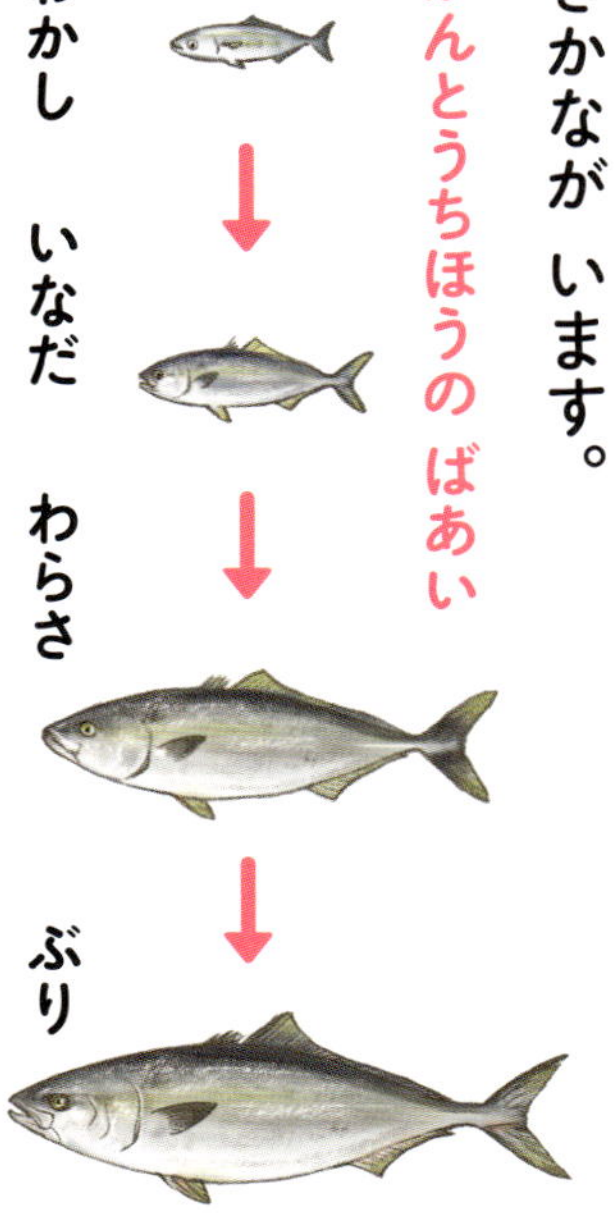

わかし → いなだ → わらさ → ぶり

おうちのかたへ

赤身魚（82ページ）に対して、身の色が白っぽいものを「白身魚」といいます。赤身魚と白身魚の分類法は厳密には決まっておらず、身の色のほか、血合い（背骨のまわりにある赤黒い身）の状態や、筋肉に含まれる赤い色素の含有量を基準にする方法などもあります。そのため、ブリやサワラは赤身魚とされることもあります。

大きさで名前が変わる魚を出世魚といいます。ブリは、地域によって呼び方が異なります。85ページで挙げたのは、関東の例で、関西では、「ツバス→ハマチ→メジロ→ブリ」のように呼ばれます。ボラやスズキなども出世魚とされています。

さかな④ せなかが あおい さかな

おとなりの おうちから さんまを やく いい においが してきたよ。

あじ

おに ちかい ところに とげのような うろこが ついている。

あじフライ《ふらい》

さば

うまみが つよい。いたむのが はやいので はやめに ちょうりを する。

しめさば

さばに しおを ふり、すで しめたもの。

いわし

ちいさい いわしは、にぼしに したり しらすぼしに したりする。

つみれじる

（➡89ページ）

にしん

ほして たべることが おおい。ほした にしんを 「みがきにしん」と いう。

にしんそば

ほした にしんを あまからく にたものを のせた そば。

さんま

ほそながい。
あきの さんまは
あぶらが のっていて
おいしい。

しおやき （↓25ページ）

かばやき （↓25ページ）

かたちの おもしろい さかな

いろいろな かたちの さかなが います。

ふぐ

なべなどに する。
もうどくが あるので
めんきょが ないと
りょうり できない。

あなご

かばやきなどに
する。

たちうお

しおやきや
につけなどに
する。

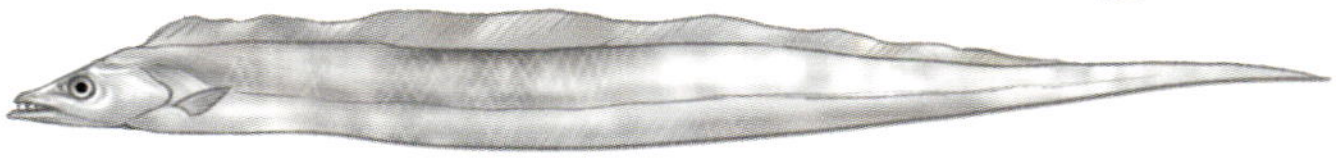

とびうお

しおやきなどに する。

あんこう

しろみの やわらかい
さかな。
なべなどに する。

おうちの かたへ

背の色が青っぽい魚のことを「青魚（青背の魚）」といいます。「赤身」「白身」は身の色による分類（82～85ページ）ですが、「青魚」は皮の色が基準になります。皮が光ったように見えることから、寿司店では「光りもの」と呼ばれることもあります。

青魚が「足が早い（傷みやすい）」とされるのは、筋肉中に多く含まれる酵素の働きで、死後もタンパク質が分解され、分解されたタンパク質に細菌が繁殖しやすくなるためといわれています。青魚には、体によい働きをするＥＰＡやＤＨＡといった脂質も豊富ですが、これらの脂質も時間とともに変質してしまいます。

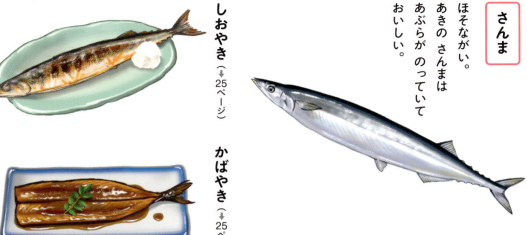

さかな⑤ かわや みずうみの さかな

かわや みずうみにも たべられる さかなが たくさん いるよ。

うなぎ

ほそながく、ぬるぬるしている さかな。かばやきに して たべることが おおい。

かばやき
（→25ページ）

わかさぎ

からだが ちいさい。みずうみなどで とれる。

からあげ
（→29ページ）

あゆ

みずが きれいな かわに すむ さかな。よい かおりが する。

しおやき
（→25ページ）

いわな

かわの ながれの うえのほうの つめたい みずに すむ さかな。

くんせい

けむりで いぶしたもの。

さかなに かんけいする ことば

あぶらが のる

さかななどが
みに しぼうを つけて
おいしく なること。

3まいおろし

さかなの みに
ほうちょうを いれて
3まいに
きりわけること。

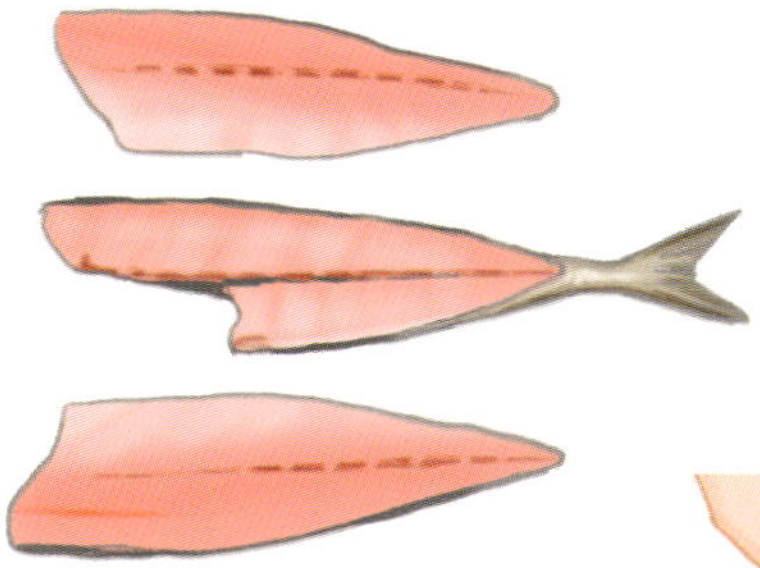

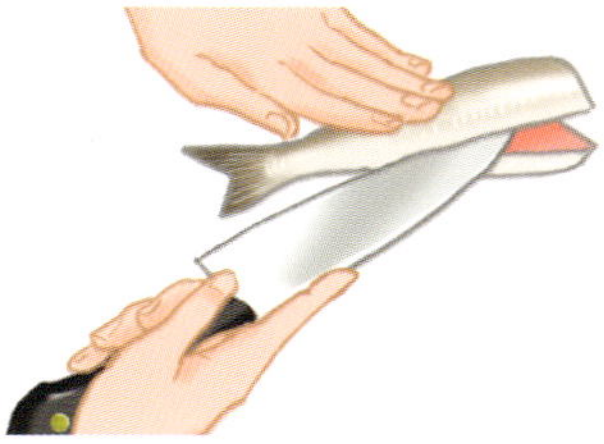

てびらき

みが やわらかい
さかなを
てを つかって
ひらくこと。

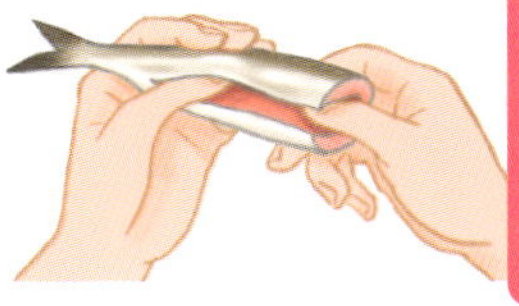

つくり

さしみのこと。
「おつくり」とも
いう。

つま

さしみや すいものに
そえるもの。
やさいや かいそうを
つかうことが
おおい。

しめる

こんぶや しお、
すなどを つかって
さかなの みを
ひきしめること。

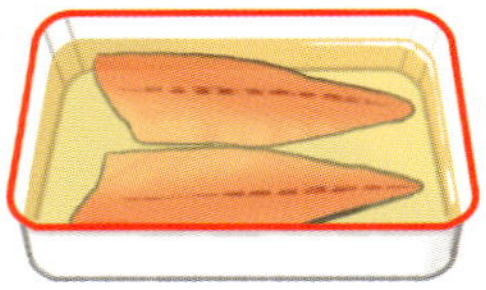

たたき

ほうちょうや すりこぎ、
てなどを つかって
たたく りょうり。
（かつおの たたき→83ページ）

あじの たたき

つみれ

さかなの みを
すりつぶして
まるめたもの。

おうちのかたへ

川の多い日本では、淡水魚もよく食べられますが、淡水魚には寄生虫がいる可能性があるため、必ず加熱する必要があります。
魚の内臓を取ったり身を切り分けたりすることを「さばく（おろす）」といいます。中骨に沿って包丁を入れ、骨がついている身とついていない身に分ける「二枚おろし」、右と左の身、中骨に分ける「三枚おろし」、身のやわらかい魚を包丁を使わないでさばく「手開き」などの種類があります。

「たたき」には、アジやイワシを包丁でたたくようにして細かく刻んで、薬味を加えたものと、三枚におろしたカツオなどの表面を焼いてから切り分けたものの2種類があります。

そのほかの さかなの なかま

うみの なかに いるのは さかなだけでは ないね。ほかに どんな いきものが いるのかな。

いか

10ぼんあしの いきもの。くちから すみを だす。するめは ほした いか。

たこ

8ぼんあしの いきもの。ゆでると いろが あかく なる。

いかリング《りんぐ》

いかの どうを わぎりに して あげたもの。

たこやき

きじに たこの みを いれて まるく やいたもの。

えび

ぼたんえび

すしや さしみに つかう。

くるまえび

てんぷらなどに むいている。

さくらえび

かきあげ（➡29ページ）などに つかう。

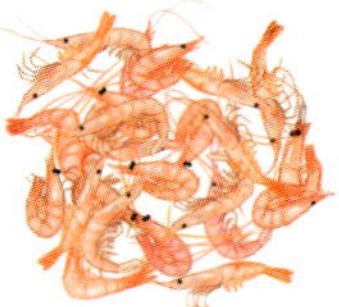

いせえび

おいわいの ときに たべることが おおい。

えびチリ《ちり》

えびを あまからい あじつけで いためたもの。

えびフライ《ふらい》

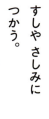

かに

うみや かわに すむ。2ほんの はさみと 8ぽんの あしが ある。かたい こうらの なかの かにみそや、はさみや あしの みを たべる。

かにたま

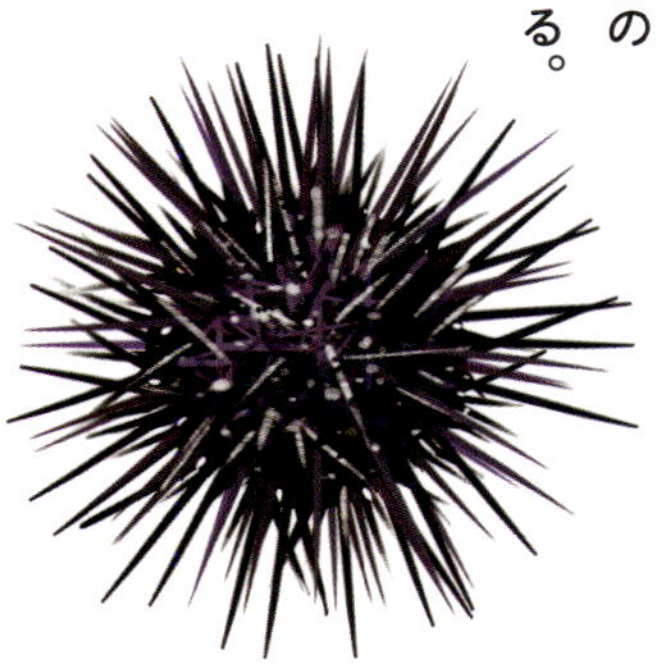

うに

とげの ある からの なかの みを たべる。つよい いその かおりが する。

ぐんかんまき

のりで まいた すしめしの うえに うにを のせた すし。

かい

かたい かいがらの なかの みを たべる。

あさり

かき

ほたて

かいばしら

かいが からを とじるための きんにく。

しじみ

はまぐり

あさりの みそしる

かきフライ《ふらい》

ほたての バター《ばたー》やき

おうちの かたへ

日本では、エビやカニなどの甲殻類をはじめ、貝類やタコ、イカ、ウニ、ナマコ、クラゲなど、魚以外の海産物も幅広く食用にしています。生で食べたり加熱調理したりするほか、乾物や塩蔵品などにも加工されます。イカの墨やクチバシ、このわた（ナマコの腸）なども、調理法や加工法を工夫して無駄なく利用されています。

生のものを調理する際は、食材に応じて下ごしらえをする必要があります。アサリやハマグリは塩水、シジミは真水に浸して砂出しをします。エビは背ワタを取り、殻をむいたり、関節に包丁を入れて身をまっすぐに伸ばしたりします。

さかなから つくる たべもの①

ほしたり つけたりすると、さかなの おいしさが もっと ふえるんだね。

ほして つくる たべもの

すぼし

なにも つけず そのまま ほしたもの。

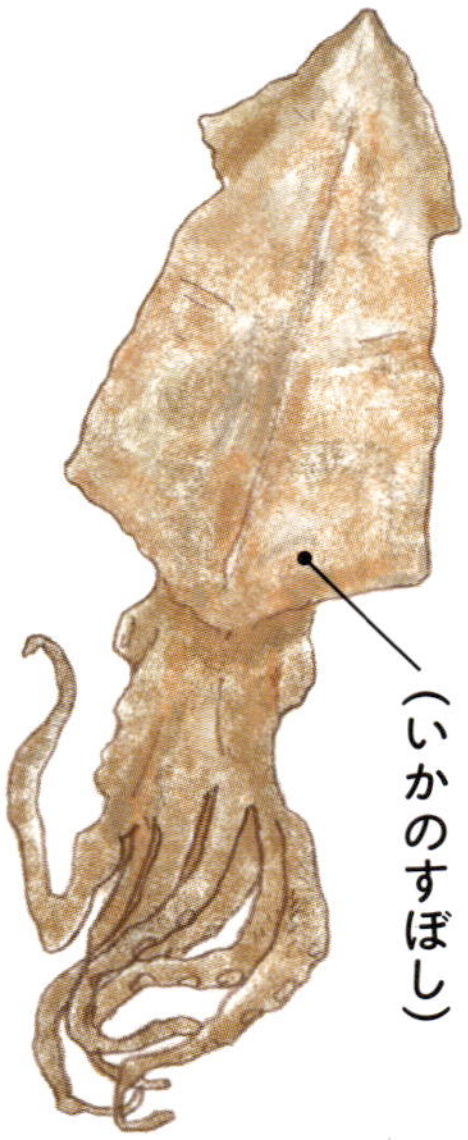

するめ（いかのすぼし）

しおぼし

しおを つけて ほしたもの。

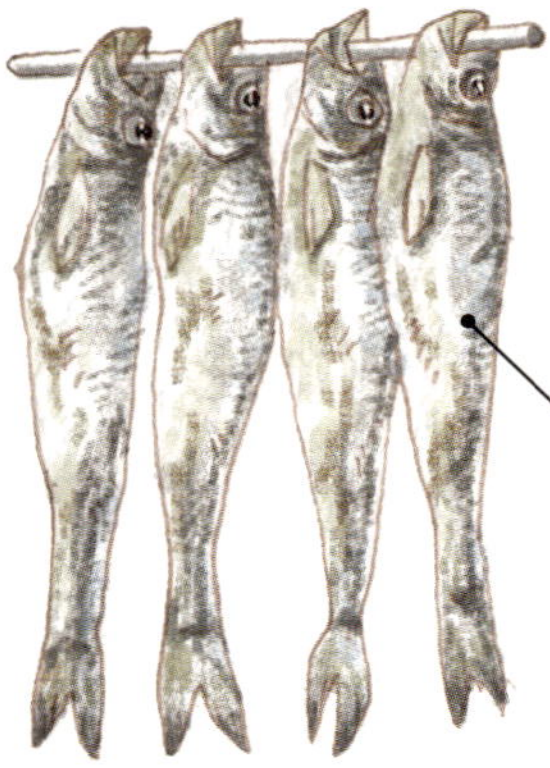

めざし（いわしの しおぼし）

みりんぼし

みりんや しょうゆを まぜた たれに つけて ほしたもの。

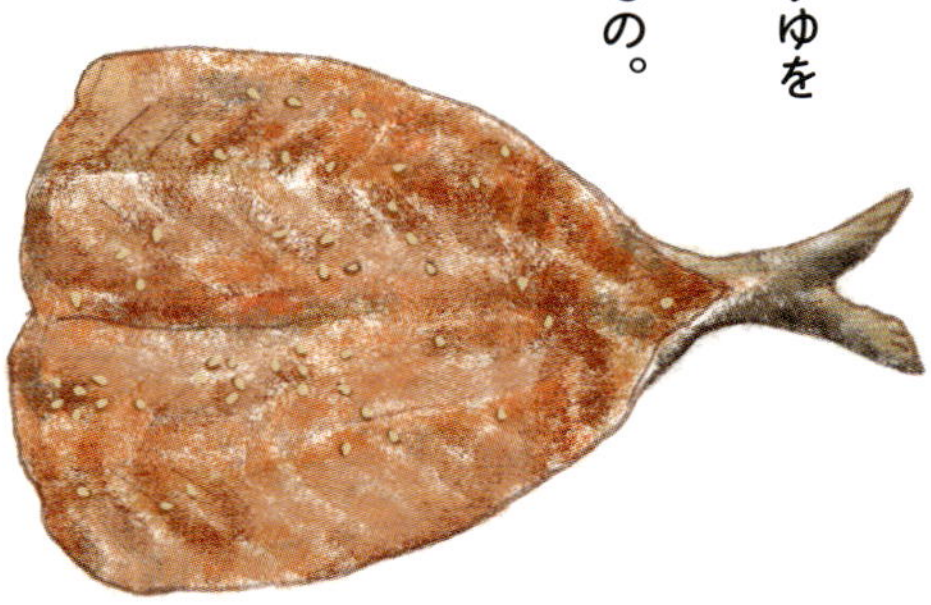

にぼし（→146ページ）

こざかなを にて ほしたもの。おもに だしを とるのに つかう。

しらすぼし

ちいさな さかなを しおみずで ゆでて かるく ほしたもの。

ちりめんじゃこ

ちいさな さかなを しおみずで ゆでて かんぜんに ほしたもの。

ちょうみりょうに つけて つくるもの

かすづけ
さけかすに
つけて
つくったもの。

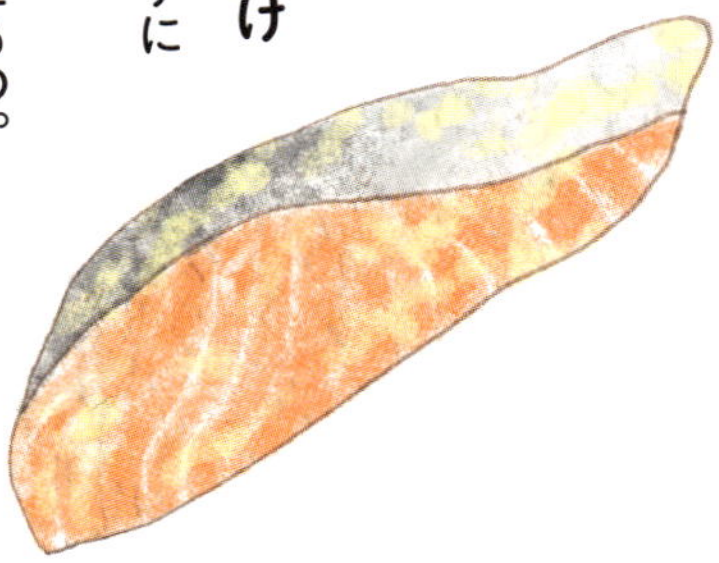

ぬかづけ
ぬかに つけて
つくったもの。

みそづけ
みりんや さとうを
いれた みそに つけて
つくったもの。

かんに つめるもの

ツナ《つな》
ツナ《つな》は まぐろや
かつおの みのこと。
みずで にたり、
あぶらに つけたりしたものを
かんに つめたもの。

みずに
ざいりょうを みずで にて
かんに つめたもの。

アンチョビー《あんちょびー》
いわしの みを
しおづけして
はっこうさせ、
あぶらと いっしょに
かんに つめたもの。

おうちのかたへ

水産物の加工品は、保存性を高めるために作られてきました。食品の水分を抜き、殺菌作用を高めるため、昔はほとんどの加工食品に塩や塩分を含む調味料が多く使われていました。製造・保存技術が発達した現在では、塩分を減らし、保存性よりおいしさや体へのやさしさを重視したものが増えてきています。

魚を干物にすると、タンパク質を分解する酵素が働いてうまみ成分が増加します。同時に水分が減ることで、さらにうまみが凝縮されるといわれています。また、調味料に漬けると鮮魚独特の生臭さを消すことができるだけでなく、味がしみ込んでさらにおいしくなります。

さかなから つくる たべもの②

ちくわや かまぼこも さかなから できているんだね。どうやって つくるのかな。

ねって つくる たべもの

ちくわ

さかなの すりみに ちょうみりょうなどを くわえて、ぼうに ぬって やいたり むしたり したもの。

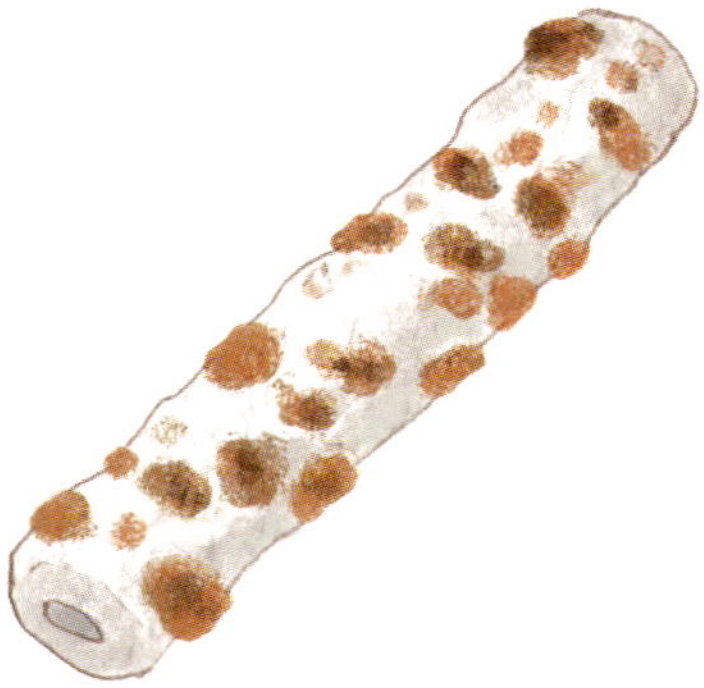

かまぼこ

さかなの すりみに ちょうみりょうなどを くわえて やいたり むしたり したもの。

はんぺん

みが しろい さかなの すりみに おろした やまいもを まぜて ゆでたもの。

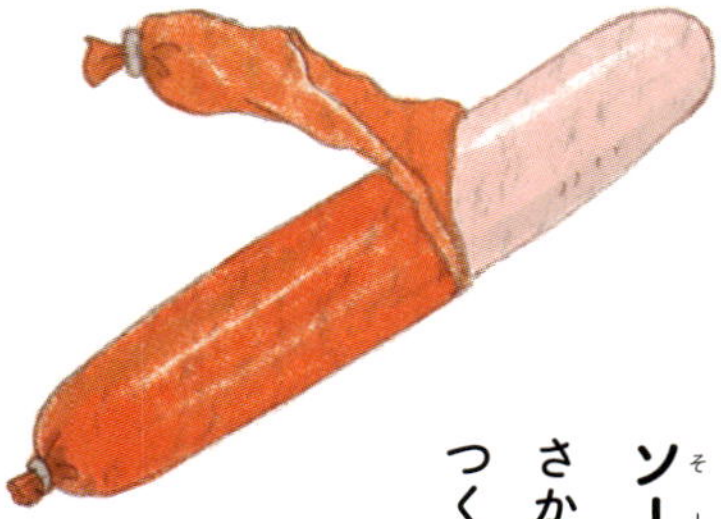

ぎょにく ソーセージ《そーせーじ》

さかなの すりみで つくった ソーセージ《そーせーじ》。

さつまあげ

さかなの すりみに やさいなどと ちょうみりょうを くわえて あぶらで あげたもの。

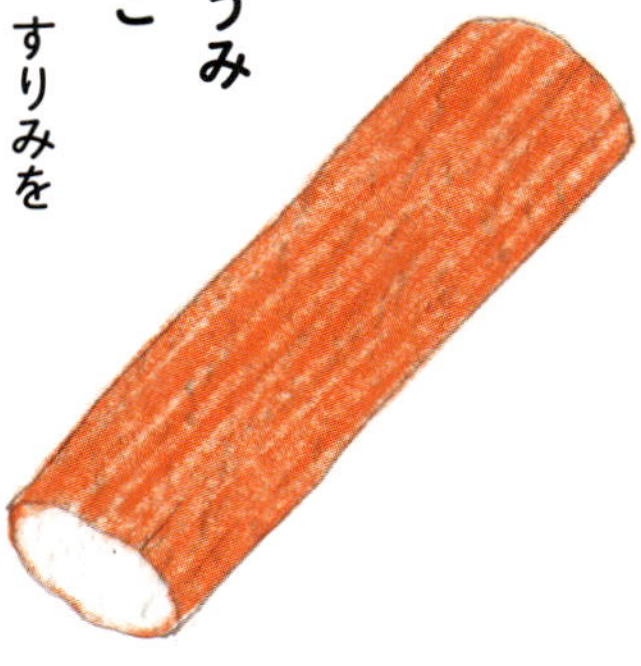

かにふうみ かまぼこ

さかなの すりみを かにの みに にせて つくったもの。

たまごを つけて つくる たべもの

いくら
さけの たまごを
しおづけに
したもの。

かずのこ
にしんの たまごを
しおづけに したもの。

すじこ
さけの たまごを
つつむ ふくろごと
しおづけに したもの。

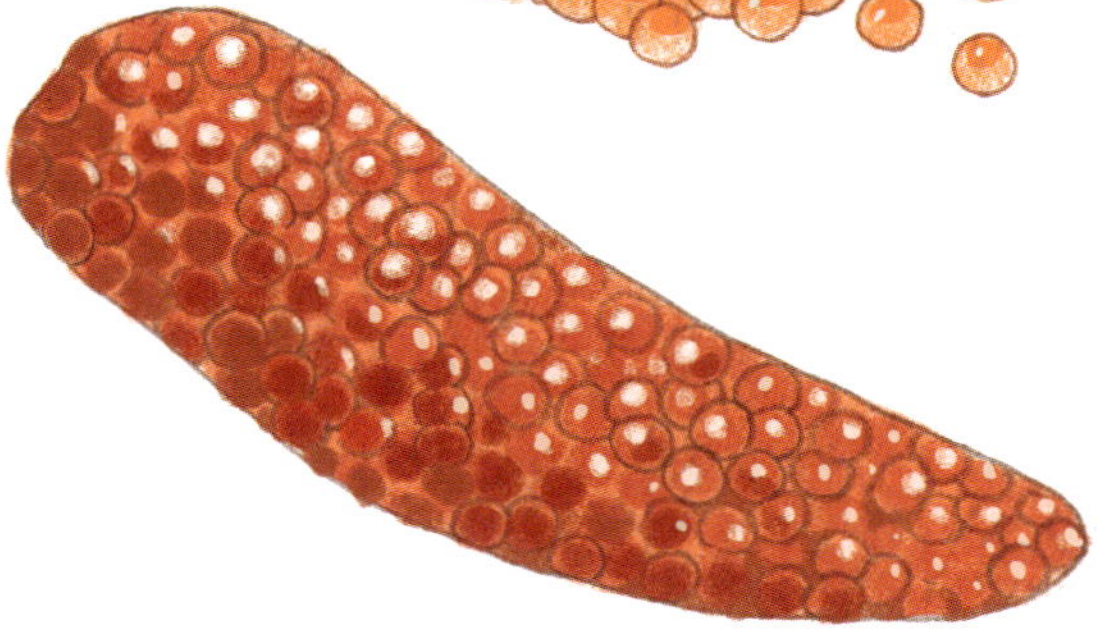

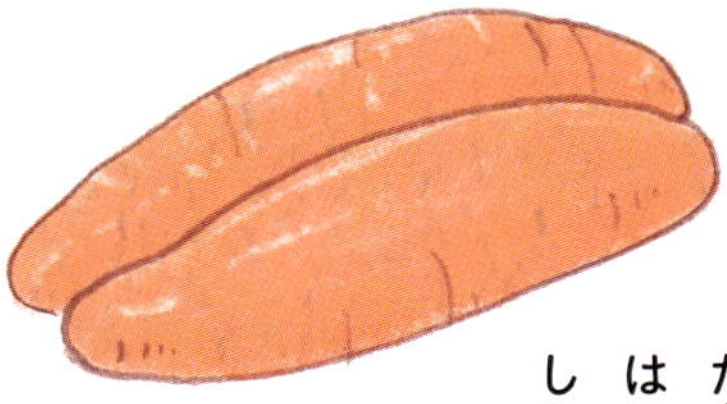

たらこ
たらの たまごが
はいった ふくろを
しおづけに したもの。

めんたいこ
たらこを
とうがらしで
つけこんだもの。
とうがらしの からさで
からい あじに なる。

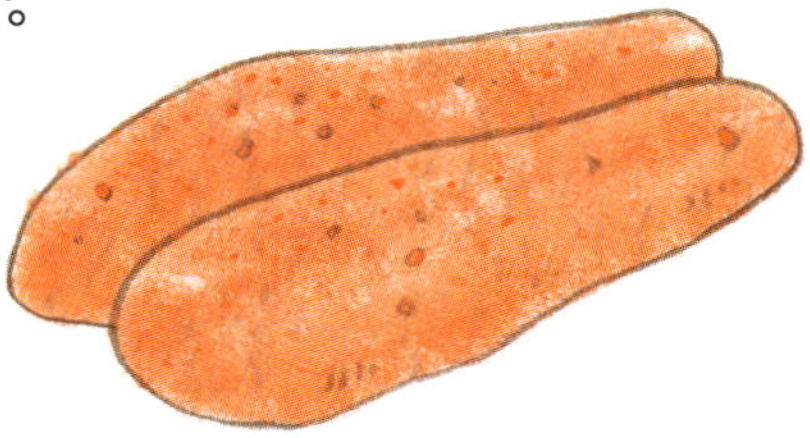

キャビア《きゃびあ》
ちょうざめと いう
さかなの たまごを
しおづけに したもの。

ちょうざめ

とびこ
とびうおの たまごを
しおづけに したもの。

おうちのかたへ

魚のすり身から作られる練りものにも、多くの種類があります。味つけして形を整えたすり身を蒸したり焼いたりしたかまぼこやちくわ、はんぺんをはじめ、揚げて作るさつま揚げ、すり身と卵を混ぜて作るだて巻きなど、見た目や味のバリエーションも豊富です。白身魚を使うものが多いのですが、イワシやサバなどを原料とするつみれや黒はんぺんなどもあります。

日本ではイクラやタラコ、数の子などの魚卵も好まれます。加工法は、生のまま塩や調味液に漬けるものが中心です。チョウザメの卵を塩漬けにしたキャビアは、ロシアなどで多く作られており、高級食材として世界中で人気があります。

つくってみよう

ウインナー《ういんなー》

オーブントースター《おーぶんとーすたー》を つかって やいてみよう。

ざいりょう

(4にんぶん)

ウインナー《ういんなー》… 8ぽん

つかう どうぐ

アルミホイル《あるみほいる》
オーブントースター《おーぶんとーすたー》
トング《とんぐ》

① オーブントースター《おーぶんとーすたー》の
うけざらに
アルミホイル《あるみほいる》を しく。

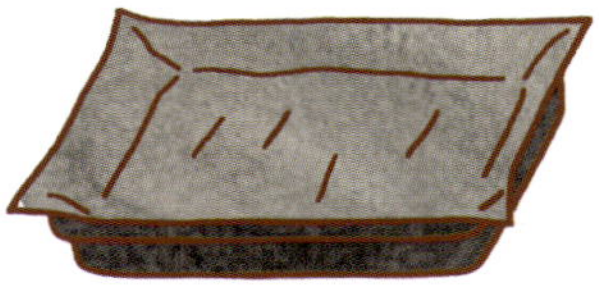

② アルミホイル《あるみほいる》の うえに
ウインナー《ういんなー》を ならべる。

③ オーブントースター《おーぶんとーすたー》で
4ぷんほど やく。
こげないように きを つける。

④ トング《とんぐ》で つかんで とりだす。
オーブントースター《おーぶんとーすたー》や うけざらが
あつくなっているので、
からだを すこし はなして、
やけど しないように
きを つける。

パン《ぱん》に はさむと
ホットドッグ《ほっとどっぐ》に なるよ。

できあがり

ピック《ぴっく》を さすと
たべやすい。

6 やさい・くだもの

やさい

わたしたちは ふだん
やさいの どこを
たべているのかな。

しょくぶつの いろいろな ぶぶんを やさいとして たべています。

みや たねを たべる

なす

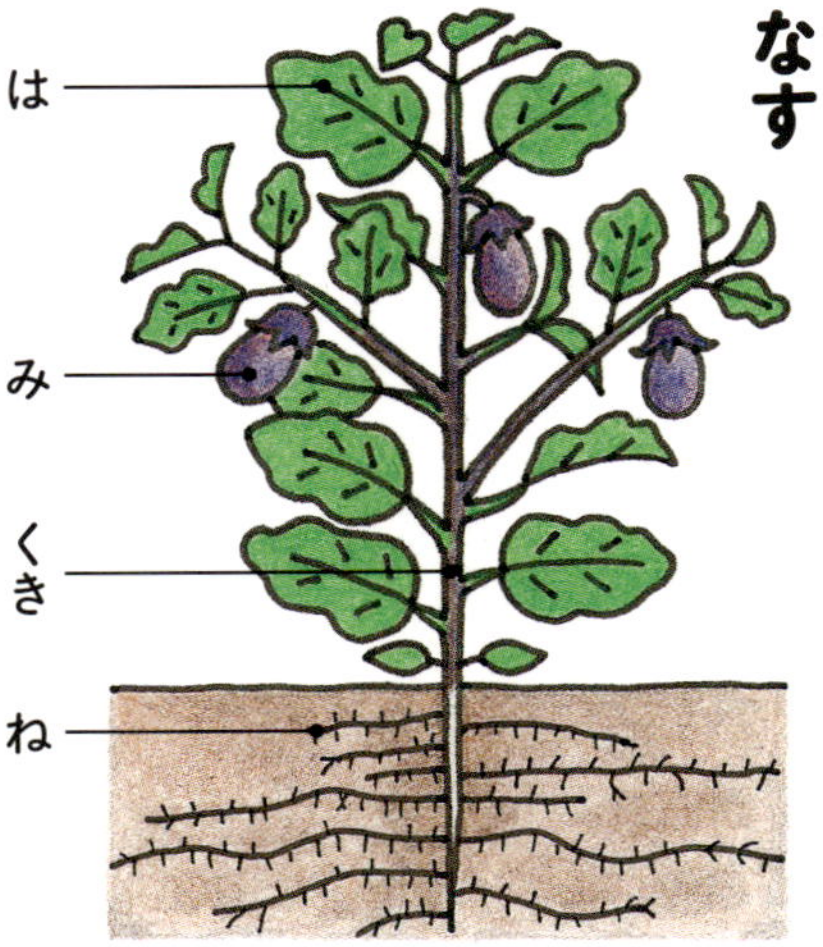

みや たねを たべる やさいの なかま

きゅうり

かぼちゃ

えだまめ

ちかの くきを たべる

じゃがいも

ちかの くきを たべる やさいの なかま

さといも

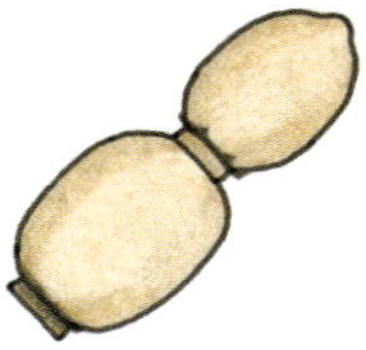
れんこん

しょうが

ねを たべる

にんじん

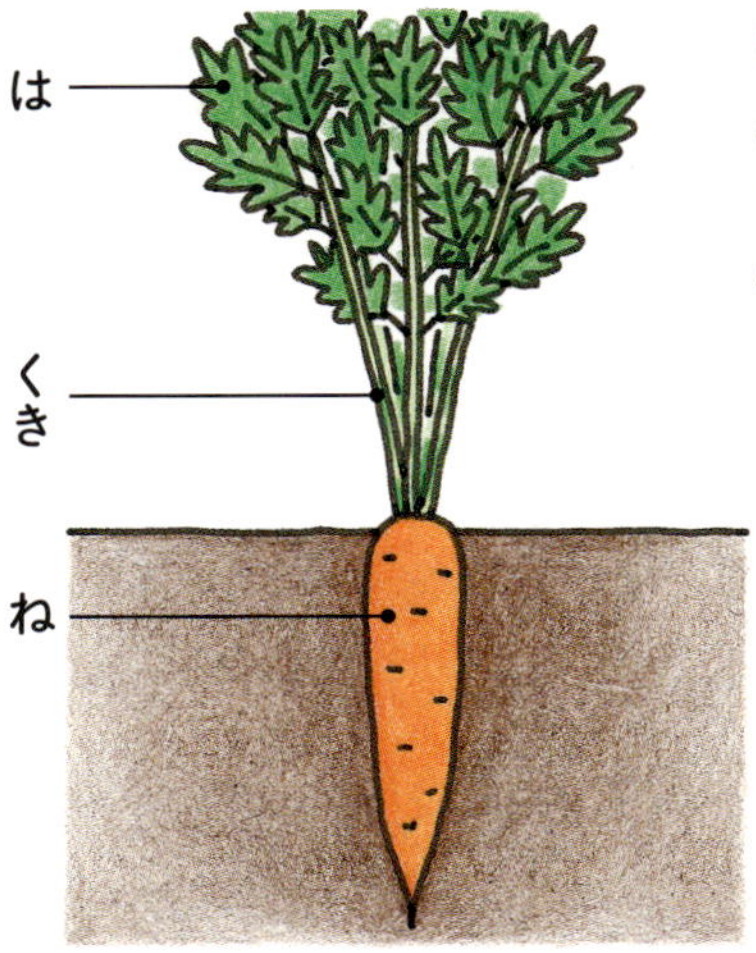

ねを たべる やさいの なかま

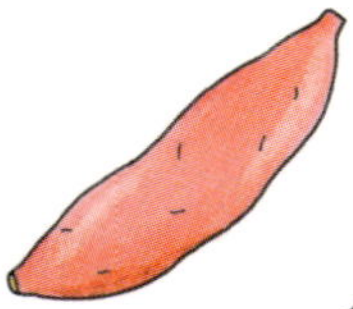
さつまいも

ごぼう

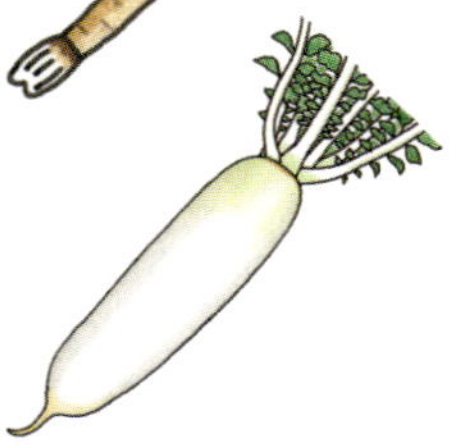
だいこん

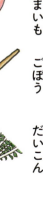

はや くきを たべる

ほうれんそう

はなや つぼみを たべる

ブロッコリー《ぶろっこりー》

はや くきを たべる やさいの なかま

キャベツ《きゃべつ》

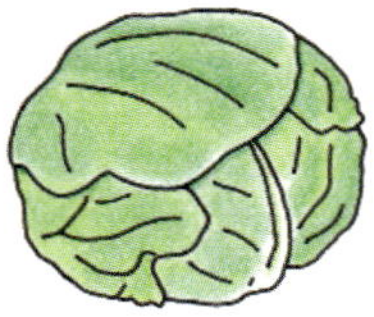

レタス《れたす》

ねぎ

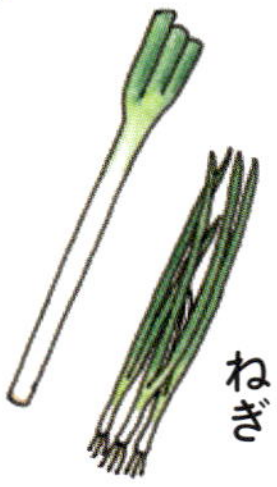

はなや つぼみを たべる やさいの なかま

カリフラワー《かりふらわー》

みょうが

ふきのとう

やさいの ぶぶんには いろいろな なまえが ついています。

たまねぎ

トマト《とまと》

ピーマン《ぴーまん》

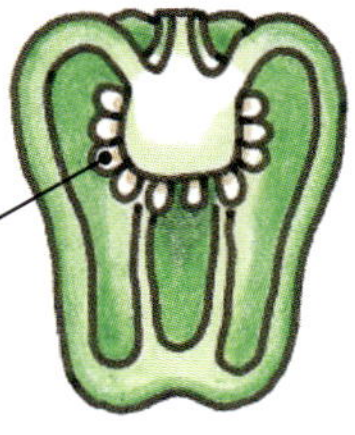

かぼちゃ

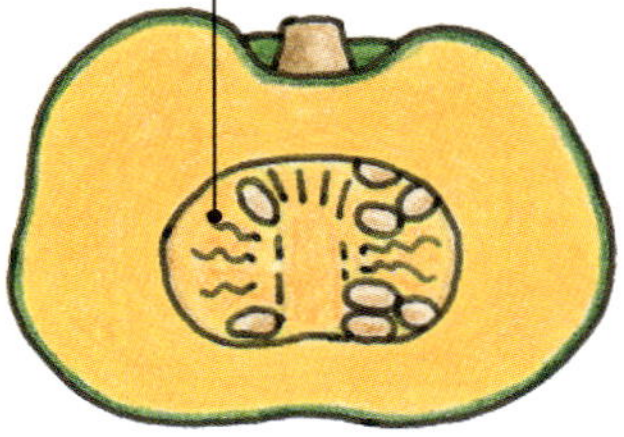

じゃがいも

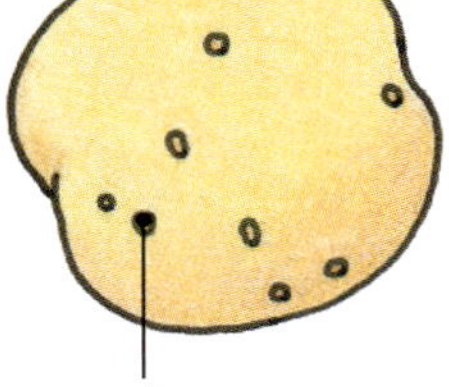

さつまいも

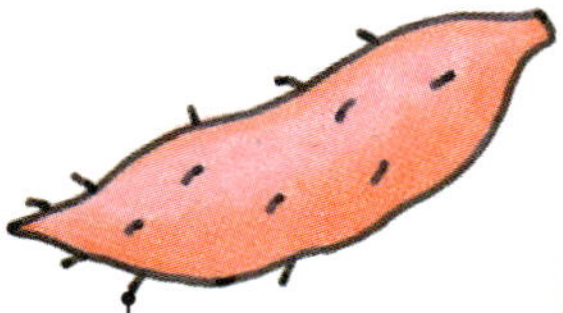

キャベツ《きゃべつ》

おうちの かたへ

野菜類には、ビタミン、ミネラル、食物繊維など、体の機能を正しく働かせるために欠かせない栄養成分が含まれています。実、葉、茎、根など、さまざまな部分を食べますが、皮やヘタ、種など、かたかったり味がよくなかったりする部分は調理の際に取り除きます。何を取り除くかは野菜の種類によって異なり、鮮度や調理方法によっても変わります。

じゃがいもとさつまいもはどちらも土の中で育つ部分を食用にする野菜ですが、じゃがいもは地下で育つ茎、さつまいもは根にあたる部分です。さつまいもにはひげ根と呼ばれる細い側根が生えていますが、じゃがいもにはありません。

みや たねを たべる やさい①

きゅうりのように
たねごと たべる やさいと
ピーマン《ぴーまん》のように
たねを たべない やさいが あるよ。

トマト《とまと》

あかくて まるい やさい。
なまで たべたり、
りょうりに つかったりする。

ミニトマト《みにとまと》

ケチャップ《けちゃっぷ》は
トマト《とまと》から つくる
ちょうみりょう。

たべるときは
へたを とる。

きゅうり

みどりの ほそながい やさい。
すいぶんが おおい。
ひょうめんに いぼが ある。

いたずり

しおを ふって
まないたの うえで
ころがすこと。
いぼが とれて
みどりいろも
あざやかに なる。

ズッキーニ《ずっきーに》

きゅうりに にた
かたちの やさい。
かわが かたい。
あぶらで いためたり
にこんだりして たべる。

ゴーヤ《ごーや》

みどりの ほそながい やさい。
でこぼこしていて にがい。
にがうりとも いう。

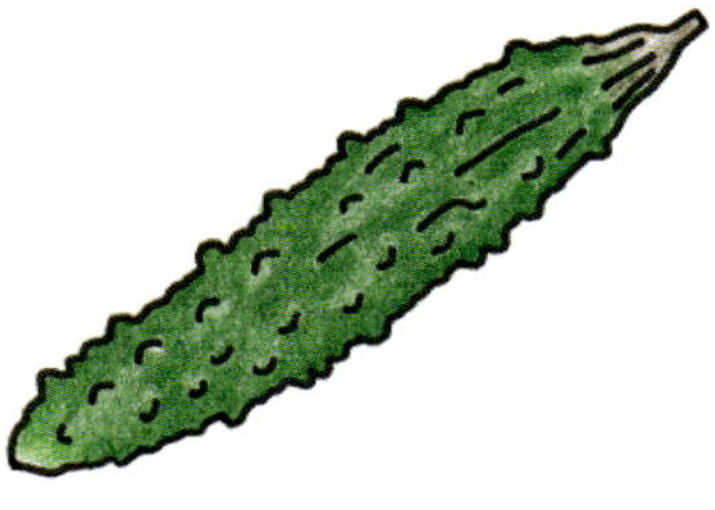

スプーン《すぷーん》で
なかの わたと
たねを かきだす。

ゴーヤ《ごーや》
チャンプルー《ちゃんぷるー》

ピーマン《ぴーまん》

とうがらしの なかま。
からみは ない。
みどりいろの みが
じゅくすと あかくなる。

ピーマン《ぴーまん》の
にくづめ

パプリカ《ぱぷりか》

ピーマン《ぴーまん》の なかま。
ピーマン《ぴーまん》より かわが あつい。
あまみが ある。

マリネ《まりね》

とうがらし

すこしの りょうでも からい。
スパイス《すぱいす》（↓143ページ）としても
つかわれる。

たかのつめ

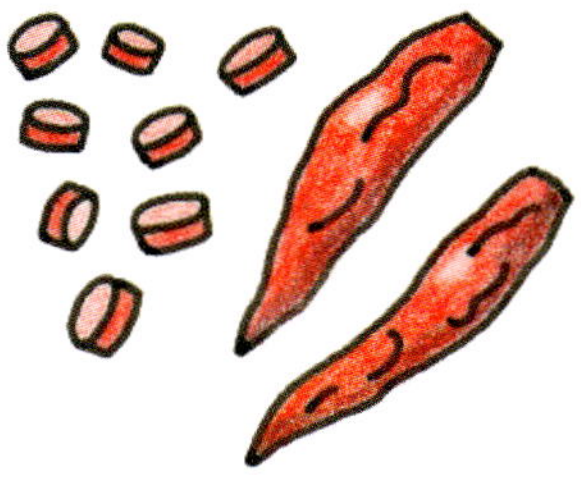

ちいさくて からい
とうがらし。
かんそうさせたものが
おおい。

きんぴらごぼう

ししとう

とうがらしの なかま。
あまり からくない。
いためたり てんぷらに
したり する。

おうちのかたへ

トマトやピーマン、とうがらしは、見た目はあまり似ていませんが、どれもナス科の野菜です。ピーマンの仲間は、未熟なものは緑色をしており、熟すと色づきます。赤ピーマンは、ピーマンが完熟したもの。オレンジや黄色のパプリカも、未熟なものは緑色です。

きゅうり、ズッキーニ、ゴーヤはウリ科の野菜。ズッキーニはきゅうりに似ていますが、かぼちゃの一種です。きゅうりやズッキーニは成分の多くが水分ですが、ゴーヤはビタミンCなどを多く含んでいます。栄養豊富ですが独特の苦みがあるため、好き嫌いが分かれるかもしれません。

みや たねを たべる やさい②

かぼちゃや
とうもろこしのように
あまい やさいも あるよ。

かぼちゃ

かわは こい みどりいろ、
みは きいろの まるい やさい。
ほくほくしていて、あまい。

なかに
はいっている
わたと たくさんの
たねを とる。

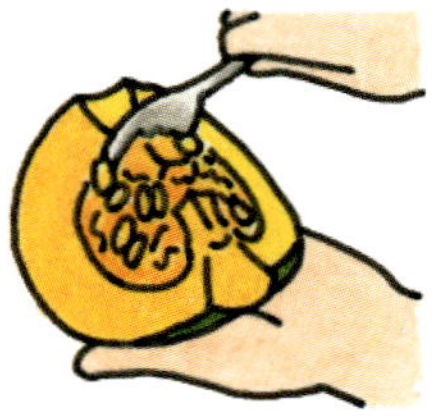

とうもろこし

きいろい つぶが
たくさん ならんだ やさい。
あまい。

かわを むいて
ゆでたり
やいたりして たべる。
ひを とおすと
あまくなる。

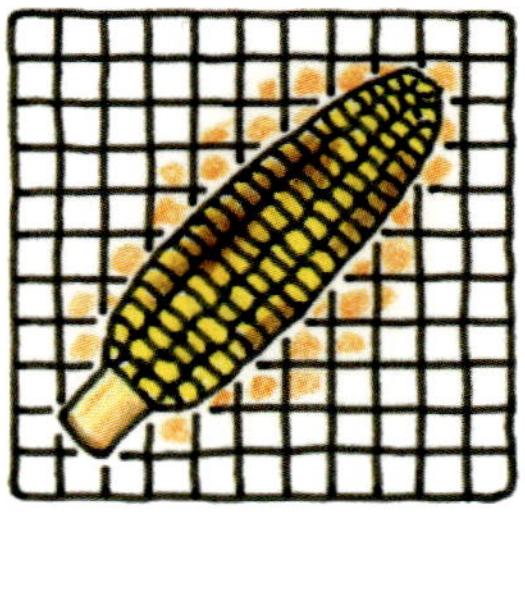

なす

むらさきいろの やさい。
すいぶんが おおい。
「なすび」とも いう。

マーボー《まーぼー》なす

おくら

みどりいろの
ほそながい やさい。
なかが ねばねばしている。

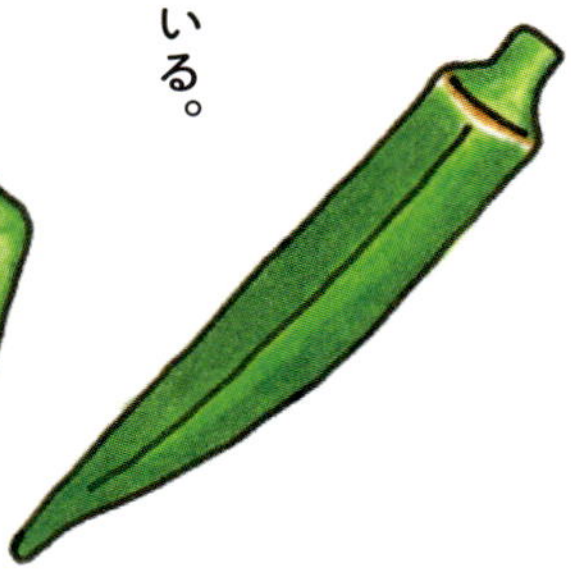

きると ほしのような
かたちを している。

あえもの

やさいの いろいろな きりかた①

わぎり

きりくちが まるい わの かたちに なるように きること。

はんげつぎり

はんぶんの つきの ような かたちに きること。

いちょうぎり

はんげつぎりを さらに はんぶんに きる。いちょうの はに にた かたちに きること。

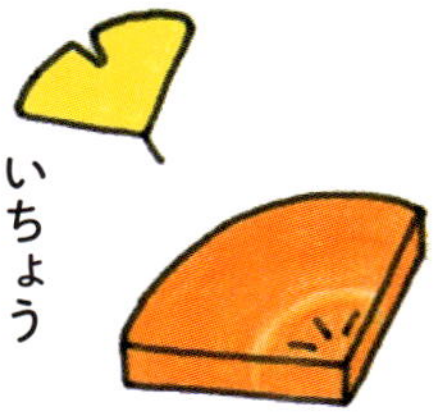

ひょうしぎぎり

しかくい ぼうの かたちに きること。

たんざくぎり

うすい ちょうほうけいに きる。たなばたの たんざくのような かたちに きること。

しきしぎり

うすい ましかくの かたちに きること。

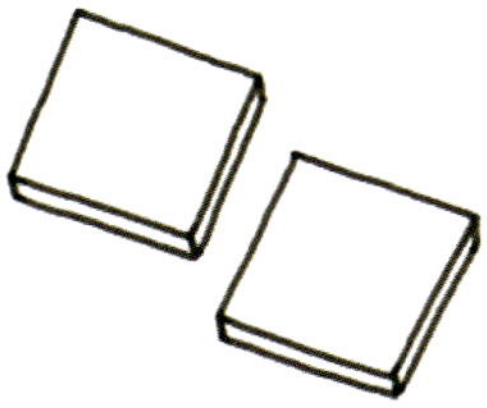

かくぎり

1～2センチメートル《せんちめーとる》かくの しかくに きること。

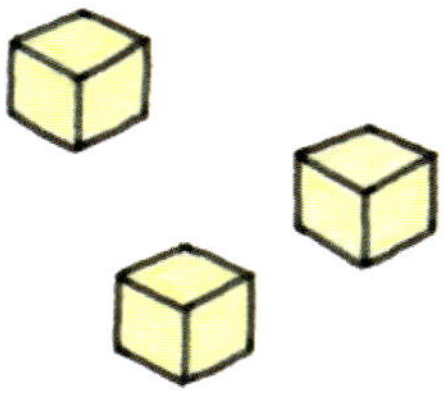

さいのめぎり

ちいさな さいころの かたちに きること。

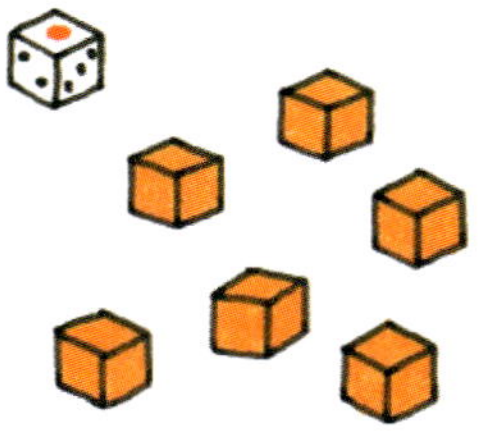

あられぎり

さいのめぎりよりも こまかい しかくに きること。

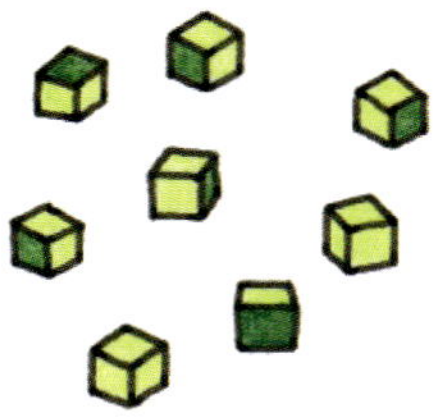

おうちのかたへ

野菜は、種類によって火の通りやすさなどが異なるため、それぞれに適した方法で下ごしらえをする必要があります。下ごしらえのポイントのひとつが、食材の切り方です。早く火を通したいときや生で食べるときは、薄く小さめに。食感を残したり、ボリューム感を演出したりするなら大きめに。また、

ほかの食材の大きさとそろえることで火の通りを均一にすることができます。調理法や盛りつけのイメージに合わせて工夫することも大切です。食材や調理方法に合った切り方をすることで、調理の効率はもちろん、仕上がりの美しさやおいしさもアップします。

みや さやを たべる やさい

さやごと たべる まめと さやから だして たべる まめが あるよ。

さやいんげん

じゅくす まえの いんげんまめを さやごと たべる。いちど ゆでてから たべることが おおい。

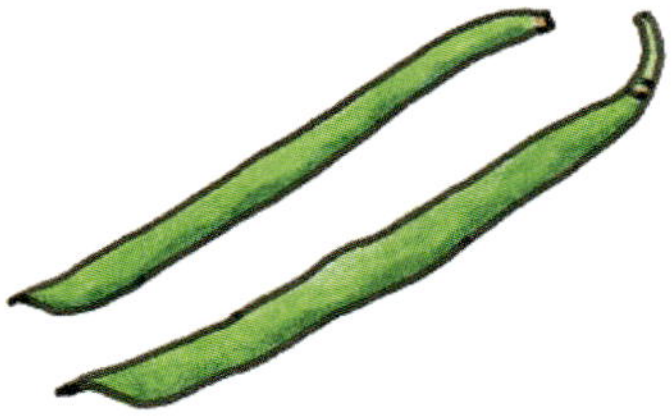

さやえんどう

じゅくす まえの えんどうの まめを さやごと たべる。

きぬさや

さやが うすい。すじを とって つかう。

スナップ《すなっぷ》えんどう

さやが あつくて やわらかい。

そらまめ

あつくて おおきい さやに はいっている まめを たべる。

まめの まわりの うすい かわを むいて たべることも ある。

グリーンピース《ぐりーんぴーす》

じゅくす まえの えんどうの まめを とりだして たべる。

ピラフ《ぴらふ》

さやから だした まめを ぐとして つかう。

えだまめ

じゅくす まえの わかい だいず。

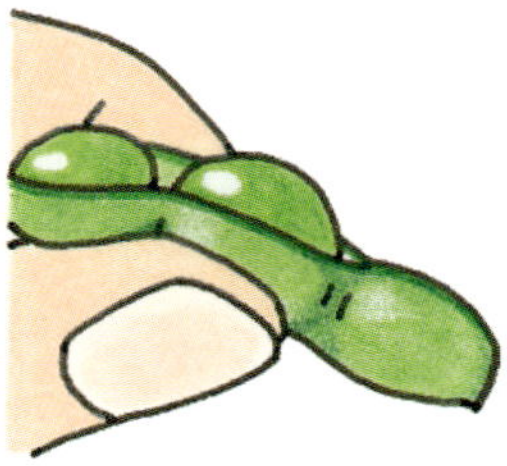

さやの なかの まめを たべる。

まめから つくる もやし

だいずなどの まめを みずに つけて めを ださせたものを 「もやし」と いいます。

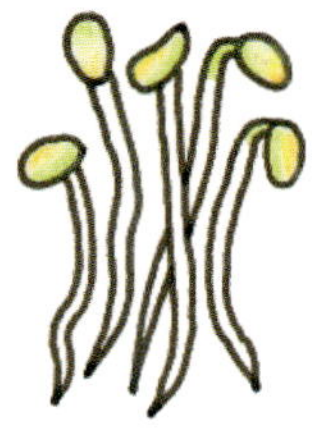

だいずもやし

りょくとうもやし

やさいの いろいろな きりかた②

こぐちぎり

ほそながい やさいを はしから きること。

ななめぎり

ほそながい やさいを ななめに きること。

らんぎり

やさいを まわしながら いろいろな かたちに きること。

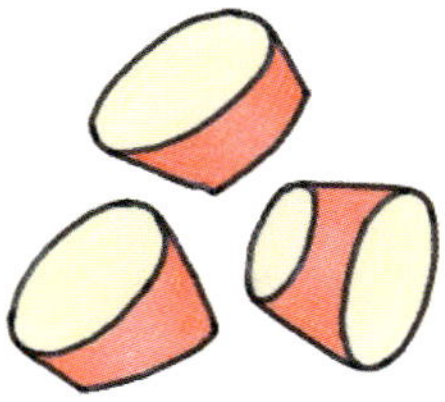

ざくぎり

はくさいや キャベツ《きゃべつ》、にらなどを たべやすい おおきさや ながさに てきとうに きること。

ぶつぎり

あまり かたちを きに せず、てきとうな おおきさに きること。

そぎぎり

うすく ななめに そぐように きること。

ほそぎり

ざいりょうを ほそく きること。

せんぎり

ほそぎりよりも ほそながく きること。

みじんぎり

ざいりょうを とても こまかく きること。

おうちのかたへ

豆は完熟した実を食べるものと、未熟な実を食べるものの2種類に分けることができ、ここでは、未熟な実を食べるものを紹介しています。例えば、枝豆は大豆、グリーンピースはえんどうの未熟な実で、さやごと食べるものもあります。完熟させて実を食べる豆は、乾物として出回ることがほとんどで、126ページで紹介しています。

千切りは大根の細切りを意味する中国語が変化して生まれた言葉といわれています。不規則な形の乱切りは切断面が多くなるため、味がしみ込みやすいのが特徴です。小口切りは、野菜の種類や調理方法によって厚さを調節するとよいでしょう。

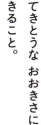

ちかの くきや ねを たべる やさい

ほくほくで おいしい おいも。じめんの なかに できるんだね。

じゃがいも

うすい ちゃいろの いも。
まるいものや
ほそながいものが ある。

めには
どくが あるので、
ほうちょうの
あごなどを
つかって とる。

だんしゃく

じゃがいもの
しゅるいの ひとつ。
まるくて ごつごつしている。

マ《ま》ッ《っ》シ《し》ュ《ゅ》
ポ《ぽ》テ《て》ト《と》

メ《め》ー《ー》ク《く》イ《い》ン《ん》

じゃがいもの
しゅるいの ひとつ。
ほそながくて なめらか。

にくじゃが

さつまいも

かわが
あかむらさきいろで
ほそながい
かたちの いも。
ねつを くわえると
あまくなる。
おかしなどにも つかう。

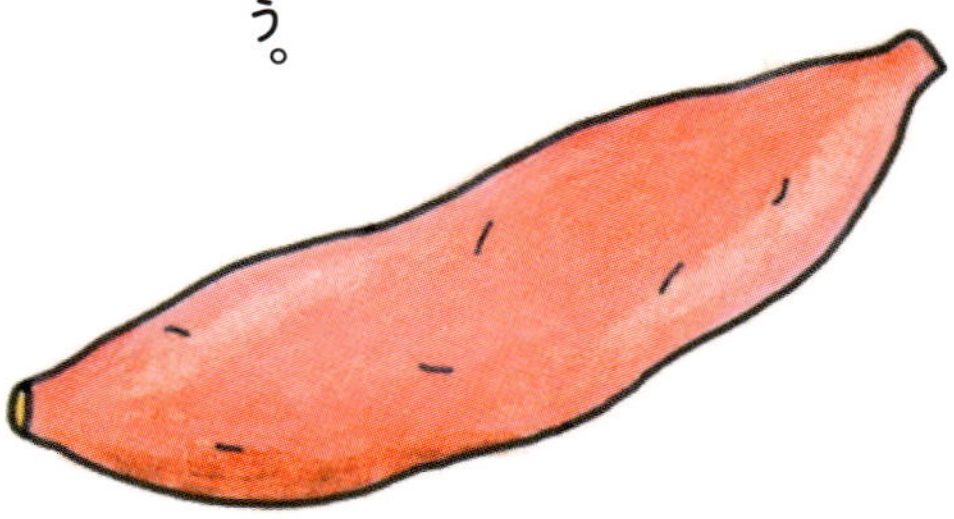

さつまいもごはん

ス《す》イ《い》ー《ー》ト《と》ポ《ぽ》テ《て》ト《と》

さといも

けが はえたような
こげちゃいろの いも。
なかは しろい。 ねばりけが ある。
にものに よく つかう。

にころがし

ながいも

ほそながい かたちの
うすい きいろの いも。ねばりけが ある。
なまでも ひを とおしても たべられる。

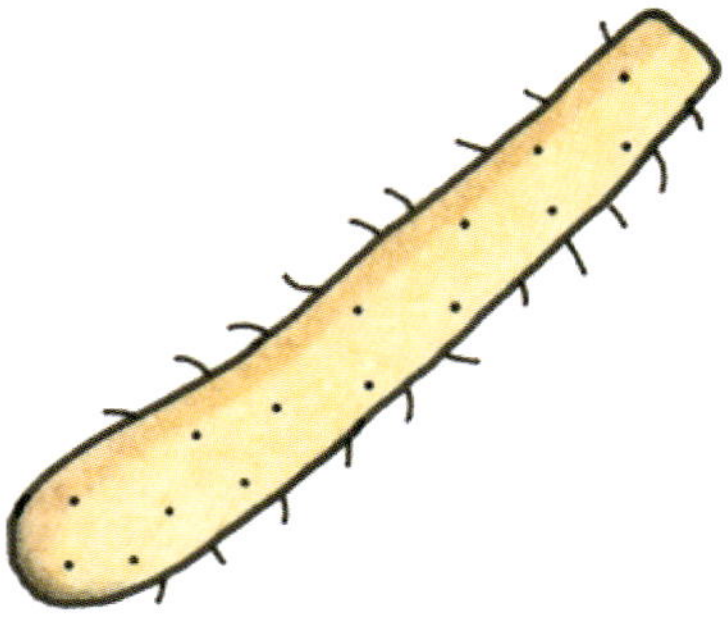

すりおろして
まぐろや どんぶり、
めんに かけたものを
「やまかけ」と いう。

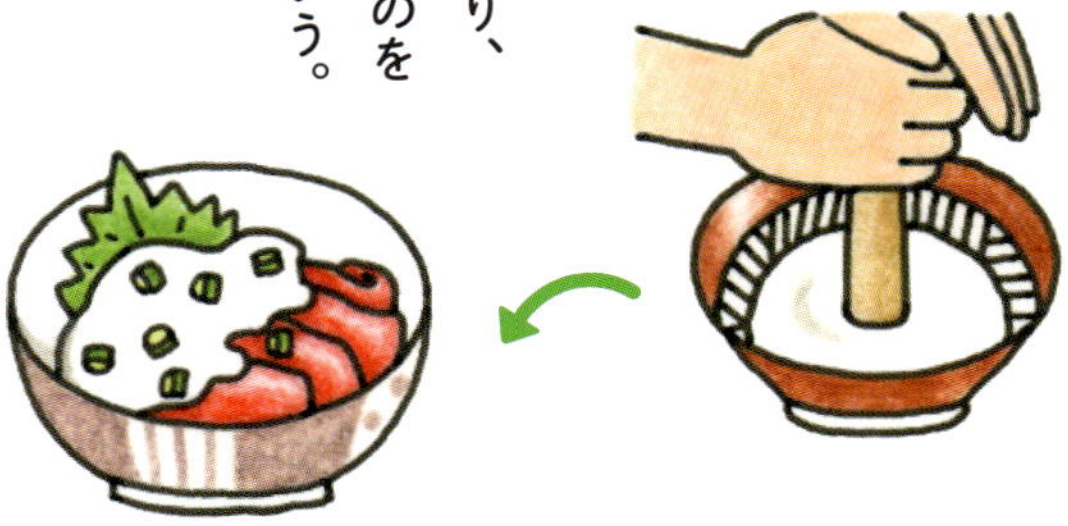

ごぼう

ちゃいろで ほそながい やさい。
はごたえが ある。

ほうちょうの
せで かわを
こそげる。

れんこん

はすの くきの ぶぶん。
なかに あなが あいている。

こんにゃく

こんにゃくは
「こんにゃくいも」と
いう いもを
すりおろして、
かためて つくります。

でんとうてきな やさい

にほんで むかしから
つくられてきた
やさいです。
にものに して
たべます。

おうちのかたへ

じゃがいもの芽や緑色に変色した皮には、ほかのいも類にはない天然の毒素が含まれています。調理する際は、芽を根元から深めにえぐって取り除き、緑色の部分は皮を厚くむきましょう。

ごぼうには、根を食べるもののほか、地上で育つ茎と葉も食用にする「葉ごぼう（若ごぼう）」という品種もあります。また、

さといもの茎は「ずいき（いもがら）」と呼ばれ、乾燥させたものを煮たり漬けたりして食べます。

くわいは土の中の茎のかたまりで、ユリ根はユリ科の植物の地下の茎の部分です。どちらも正月のおせちで煮ものとして食べられることが多く、「正月野菜」として親しまれています。

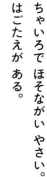

ねを たべる やさい

かたちは にているけれど
あじが ちがうから
おもしろいね。

だいこん

しろくて ふとい やさい。
しろい ねの ぶぶんや はを たべる。
ぶぶんで あじが ちがう。

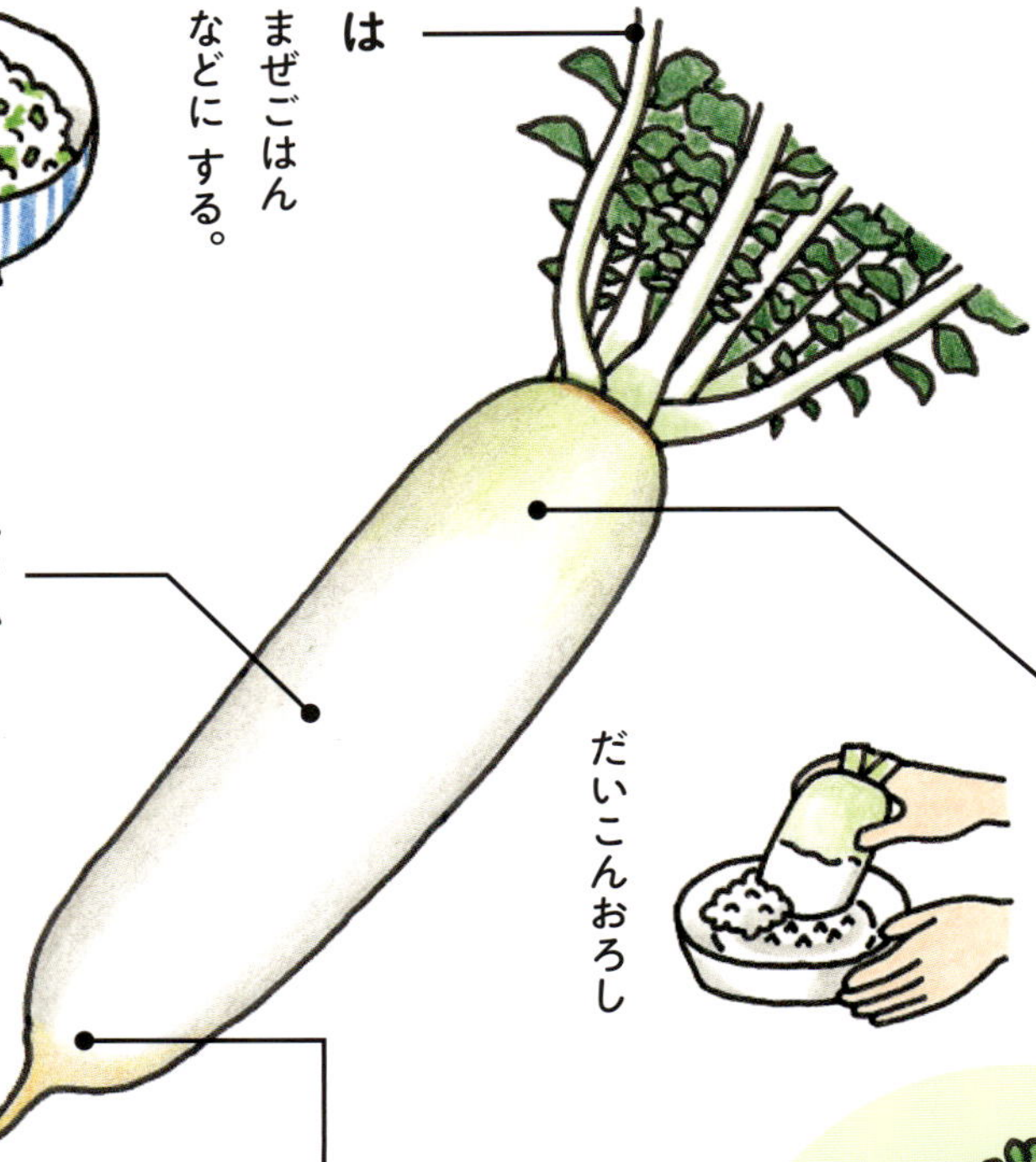

くび（あたま）
あまみが ある。

だいこんおろし

は
まぜごはん
などに する。

なめし

まんなか
やわらかい。
いろいろな
りょうりに
むいている。

おでん

かいわれだいこんは、
だいこんの め。

サラダ《さらだ》

しっぽ（さき）
からみが つよい。
すこし かたい。

みそしる

にんじん

あかい ねを
たべる やさい。
あまみが ある。

ハンバーグ《はんばーぐ》の よこに
そえられている グラッセ《ぐらっせ》は
にんじんを あまく
につめたもの。

グラッセ《ぐらっせ》

かぶ

まるく ふくらんだ
しろい ねの ぶぶんや
はを たべる。

やさいの いろいろな きりかた③・したごしらえ

4つわり

おなじくらいの
おおきさが
4つに なるように
きること。

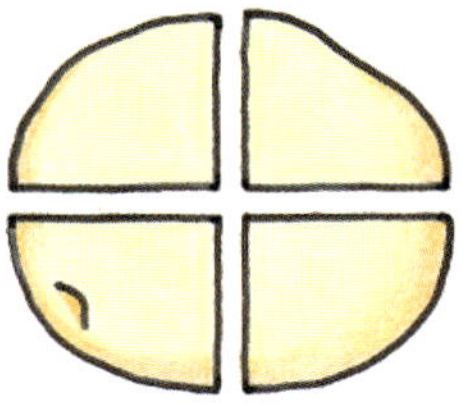

くしがたぎり

くしのような
かたちに きること。

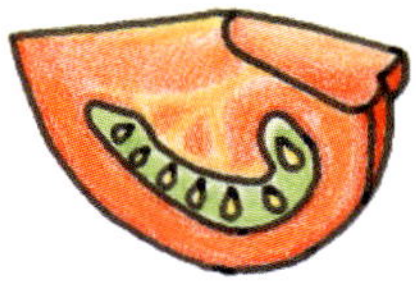

うすぎり

ざいりょうを
うすく きること。

シャトー《しゃとー》ぎり

くしがたぎりに
したものを
めんとりすること。

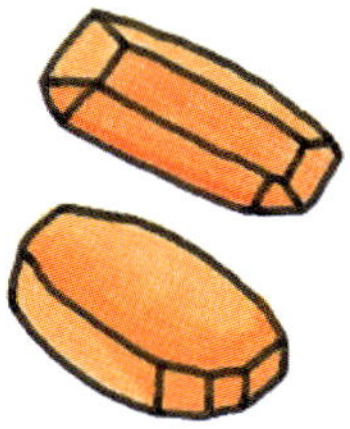

ひとくちだいに きる

おおきい ざいりょうを
ひとくちで たべられる
おおきさに きること。

ささがき

うすい
ささの はのような
かたちに きること。

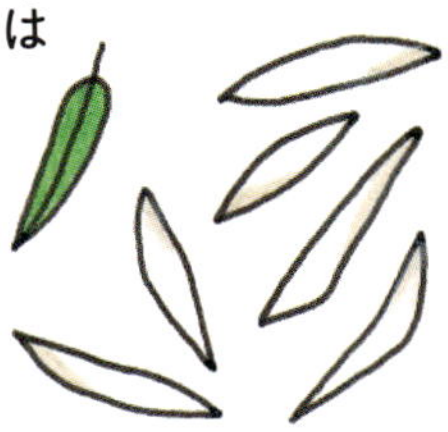

かつらむき

かわを むくように、
うすく ながく
きること。

たたき

ほうちょうの
みねや すりこぎ
などで たたいて
かるく つぶすこと。

めんとり

にるときに
くずれないように、
かどを けずること。

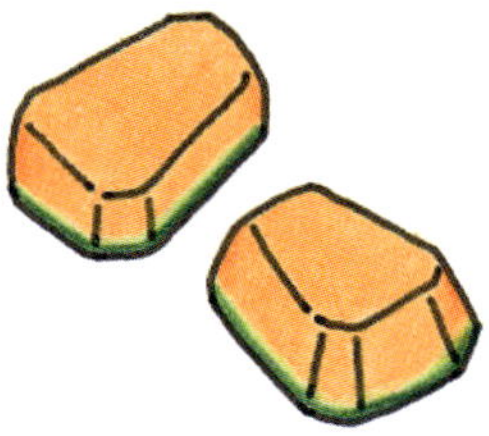

おうちのかたへ

根を食べる野菜は、煮たりゆでたりすることでやわらかくなります。また、大根やかぶなどは、生でもおいしく食べることができます。大根は寒さから身を守るため上部に糖分を集め、先端部分には生長点である根を害虫から守るために辛み成分が集まっています。一本の中でも味が違うので、料理に適した部位を使い分けることも大切です。

桂むきは、大根やにんじんなどに使われる方法。桂むきにしたものをさらに千切りにし、刺身のつまなどにします。面取りは、おもに根菜を煮るときに行う下ごしらえです。煮崩れしにくくなるだけでなく、味もしみ込みやすくなります。

はや くき、つぼみ などを たべる やさい

みどりいろの はの やさいは サラダ《さらだ》でも よく たべるね。

キャベツ《きゃべつ》

たくさんの はが かさなっている。 ねつを くわえると あまくなる。

ロール《ろーる》キャベツ《きゃべつ》

レタス《れたす》

はに すいぶんが おおい。 なまで たべることが おおい。

サラダ《さらだ》

はくさい

しろく ふとい しんが ある。 はは ちぢれている。

クリーム《くりーむ》に

キャベツ《きゃべつ》、レタス《れたす》、はくさいなどは はを いちまいずつ はがしてから りょうりすることも ある。

ブロッコリー《ぶろっこりー》

キャベツ《きゃべつ》の なかま。 くきと みどりいろの つぼみを たべる。

カリフラワー《かりふらわー》

キャベツ《きゃべつ》の なかま。 くきの うえの しろい つぼみを たべる。

アスパラガス《あすぱらがす》

わかい くきを ゆでたり いためたりして たべる。

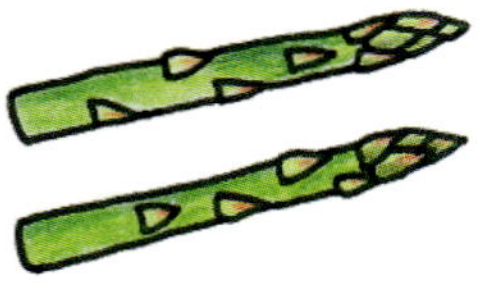

グリーン《ぐりーん》アスパラガス《あすぱらがす》

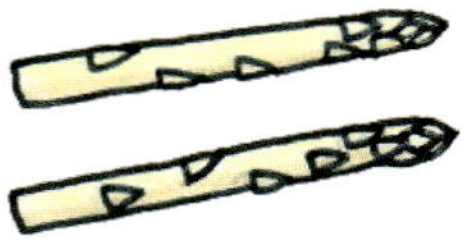

ホワイト《ほわいと》アスパラガス《あすぱらがす》

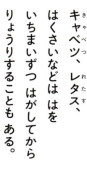

ほうれんそう

やわらかい みどりの
はを たべる。

あくが つよいので、
ゆでて あくを ぬく。

たまねぎ

たくさんの かわに
つつまれて いる。
なまでは からいが、
ねつを くわえると
あまく なる。
きるときに なみだが でる。

きった あとに
みずに さらすと
からみが へる。

ねぎ

ほそながい やさい。
みどりいろだけの ねぎや、
しろい ぶぶんが おおい ねぎも ある。
つよい かおりが する。
やくみ（↓151ページ）と しても つかう。

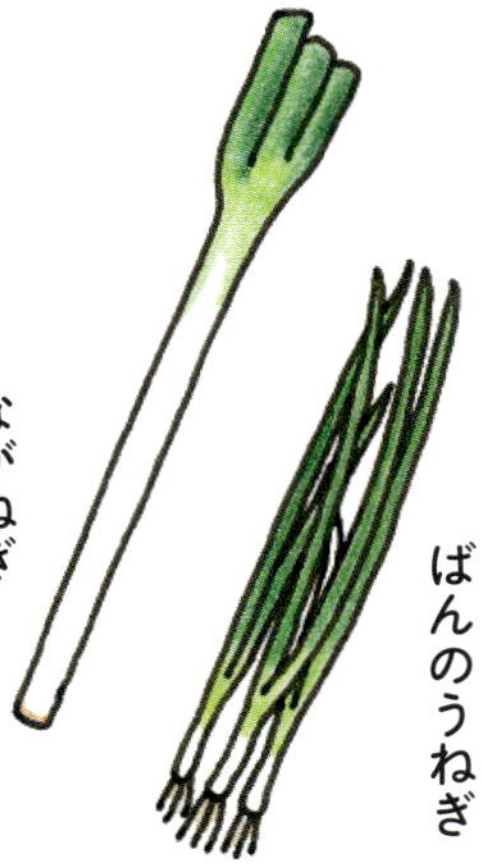

にら

ねぎの なかま。
かおりが つよい。
いためものや
ぎょうざの ぐなどに
つかう。

あおな

こい みどりいろの
はを たべる
やさいのことを
「あおな」と
いいます。

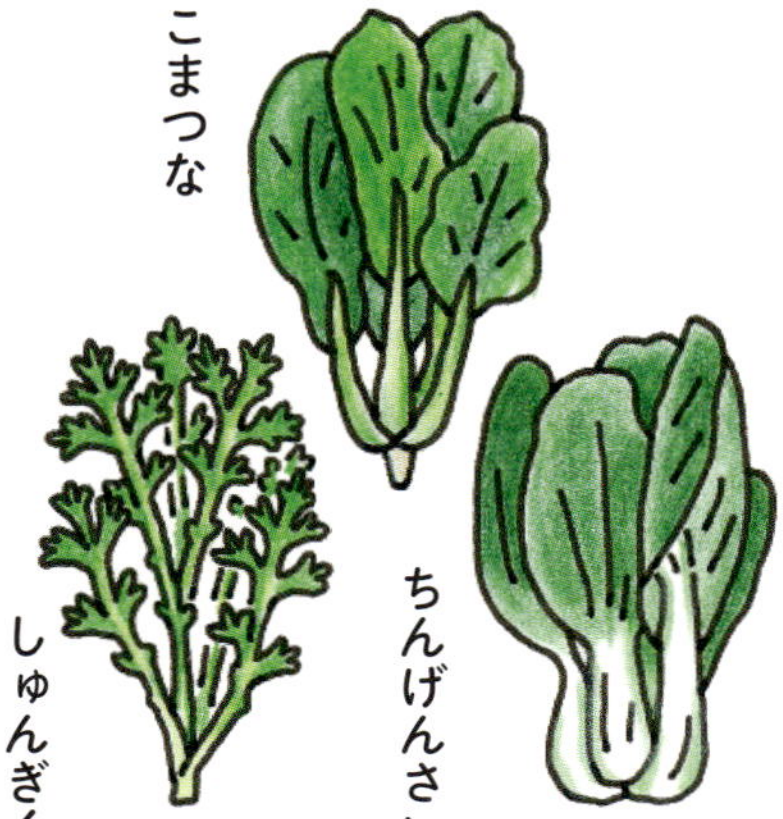

おうちのかたへ

葉や茎、つぼみを食べる野菜は、水分が多くやわらかいことが特徴です。火が通りやすいので、さっと煮たりゆでたりするほか、炒めものにもよく使われます。

玉ねぎを切ると目が痛くなって涙が出るのは、細胞が壊されるときに、刺激の強い物質が作られるためです。痛みを防ぐには、よく切れる包丁を使う、切る前に玉ねぎを冷やしておく、玉ねぎをぬらしてから切る、などの方法が有効です。

グリーンアスパラガスは太陽の光を浴びて育つため、光合成で葉緑素が作られ緑色になりますが、ホワイトアスパラガスは土の中で育てられるため光合成ができず、白い色をしています。

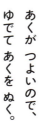

やまに はえる やさい

きのこや たけのこ、さんさいは やまの なかなどに はえているよ。

しいたけ

かさの ぶぶんが あつい きのこ。ほしたものも りょうりや だし（➡146ページ）に つかう。

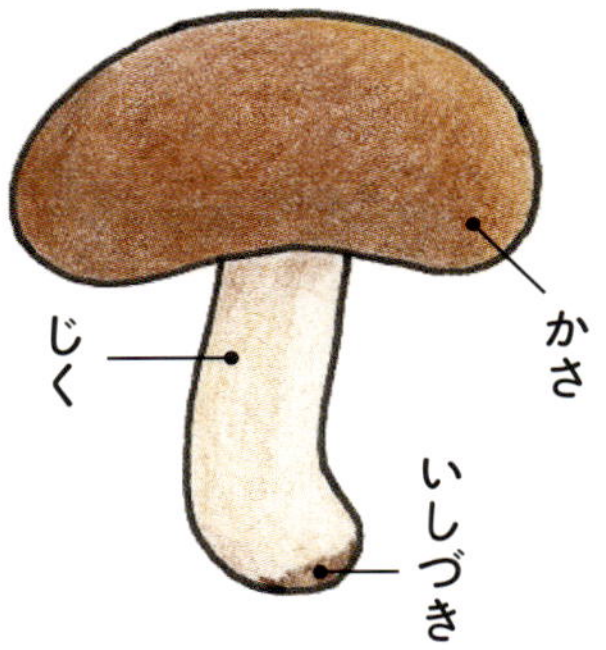

よごれを とるときは あらわずに ふきんで やさしく ふく。

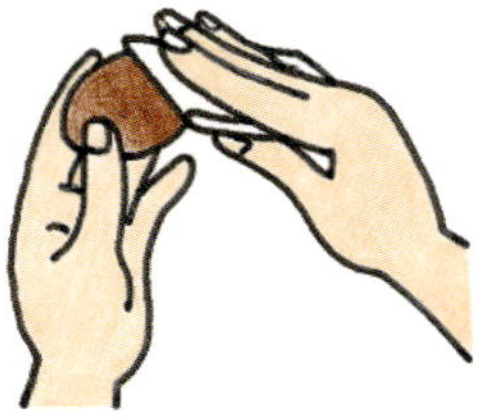

しめじ

たくさんの かずの きのこが くっついて はえている。

なめこ

ぬめりが ある。

マッシュルーム《まっしゅるーむ》

かさが まるく なっている きのこ。

えのき

ほそながい かたち。

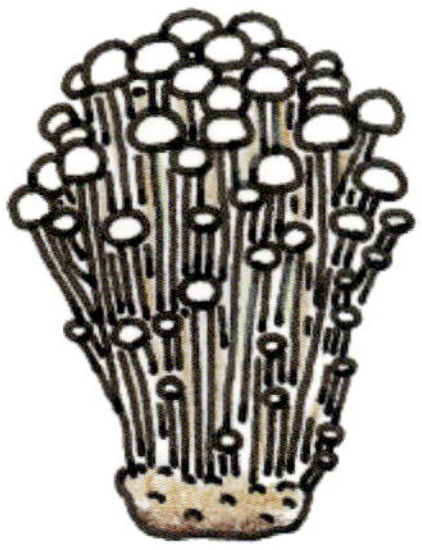

まつたけ

かおりが よい。

きのこを たべるときは いしづきを とる。

まいたけ

かさが ひらひらしている。

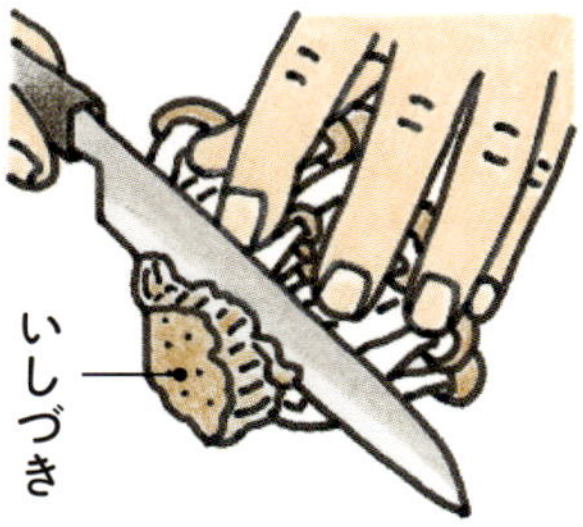

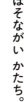

たけのこ

たけの め。
にものや たきこみごはんなどに する。

とさに

ゆでると あくの えぐみが ぬける。

さんさい

やまに はえている たべられる しょくぶつ。

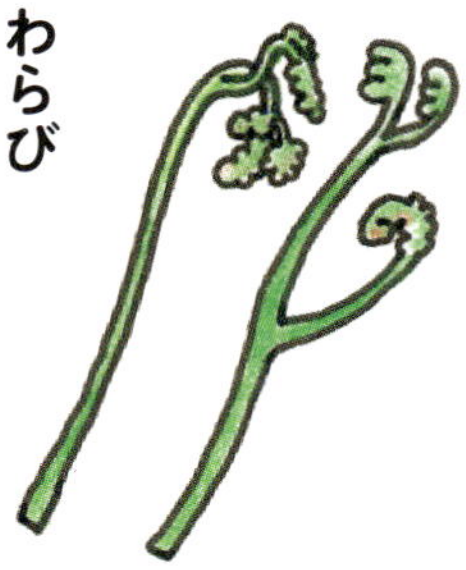

わらび

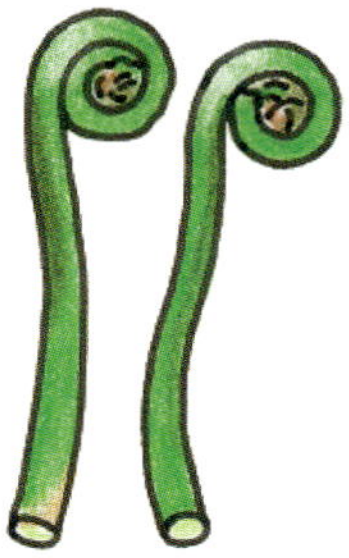

ぜんまい

ふき

ふきのとう

うど

つくし

てんぷらに したり にものに したりして たべる。

えぐみ

したや のどが ひりひりするような あくの あじを 「えぐみ」と いいます。

おうちのかたへ

野菜は畑で育てられますが、山に自生する植物にも食用にできるものがあります（実際に出回るのは、栽培されたものが多い）。その代表が、春に採れるたけのこや山菜類です。独特の味と香りが魅力ですが、あくが強いため、適切な方法であく抜きをする必要があります。きのこは木陰の腐葉土や朽ち木に生え、種を作らず胞子をとばして増える菌類です。

旬の季節には、山菜採りやきのこ狩りを楽しむ人もいます。ただし、食用にできるかどうかの見極めには、知識と経験が必要です。深刻な食中毒を引き起こすものもあるので、十分な知識がない人は、自生しているものを食べるのはやめましょう。

くだもの①

きょうは デザート《でざーと》に いちごを たべたよ。 くだものは あまくて おいしいね。

りんご

あかや きいろの まるい くだもの。 あまずっぱくて、 かおりが よい。

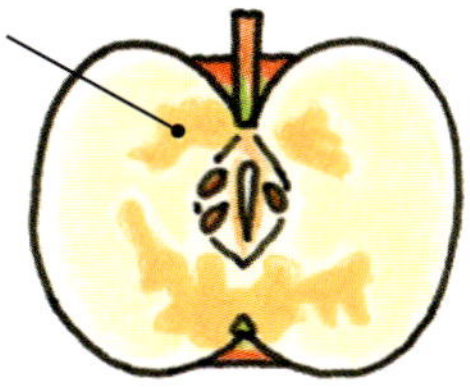

みつ

みつが はいっている りんごは あまいと いわれる。

なし

すいぶんが おおく、 あまみが つよい。

にほんの なし

せいようの なし

みかん

オレンジ《おれんじ》いろの まるい くだもの。 あまみと さんみが ある。 かわの なかに たくさんの みが ある。

ひとつ

みかんを たべるときは そとがわの かわを むく。 うすい かわの ついた みは 「ひとふさ」 と かぞえる。

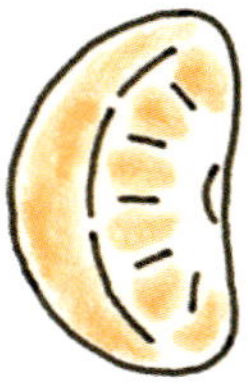

ひとふさ

みかんの なかま

いろいろな しゅるいが みかんの なかまには あります。

オレンジ《おれんじ》

あまくて かおりの よい み。 まんまるで かわが あつい。

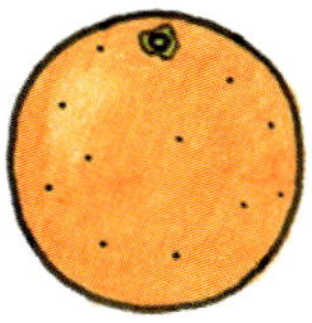

グレープフルーツ《ぐれーぷふるーつ》

あますぎず、 さんみと にがみが ある。

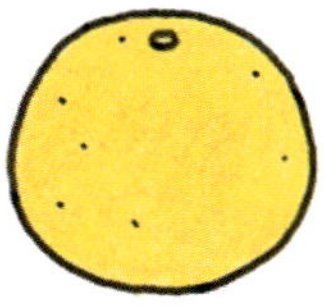

レモン《れもん》

とても すっぱい。 りょうりの かおりづけにも つかう。

ゆず

さんみが つよい。 みも かわも、 かおりづけや やくみ（➡150ページ）に つかう。

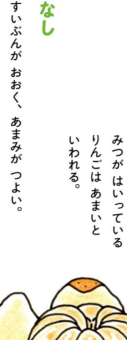

もも

ももいろの まるい くだもの。
すいぶんが おおく、とても あまい。
みは やわらかく、さわると いたみやすい。

まんなかに
おおきい たねが
はいっている。

ぶどう

ちいさな まるい みが
ふさに なっている。
かわは むらさきいろや
みどりいろを している。

きょほう

マスカット《ますかっと》

ふさから
ひとつぶずつ
とって たべる。

いちご

じゅくして あかくなった
みを たべる。
あまみと さんみが ある。

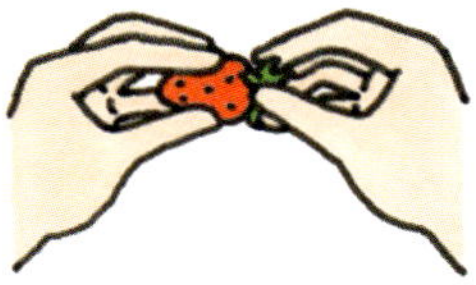

いちごは へたを
とって たべる。

さくらんぼ

さくらの きの み。
「チェリー《ちぇりー》」とも いう。

うめ

なまでは たべない。
みどりいろの みを しおと
しそで つけて ほしたものを
「うめぼし」と いう。

かき

オレンジ《おれんじ》いろの
まるい くだもの。
あまがきと
しぶがきが ある。

しぶみ

しぶがきの
あじのような、
したが しびれるような
あじのことを
「しぶみ」と いいます。

ほすと
しぶみが
なくなる。

おうちのかたへ

日本で作られている果物には、なし、柿、みかんといった日本原産のもののほか、海外から入ってきたものがたくさんあります。身近なりんごやぶどうなども、もともとは外国産です。長い時間をかけて栽培法の研究や品種改良などを行い、日本でも栽培できるようにしたものです。

甘い柿は生で食べますが、渋みが強い柿は「干し柿」に加工されます。干し柿は、皮をむいた柿を乾燥させたものです。干すことによって渋みの成分が水に溶けない種類のものに変わるため、口に入れても唾液に溶けず、渋みを感じなくなります。さらに、水分が抜けることで、甘みそのものも強くなります。

くだもの②

パイナップル《ぱいなっぷる》やバナナ《ばなな》は、あつい くにから きた くだものなんだって。

パイナップル《ぱいなっぷる》

みなみの くにの くだもの。かわが かたい。なかの きいろい みを たべる。

たべるときは かわと しんを とる。

バナナ《ばなな》

ほそながい みが ふさに なって つく。じゅくせば じゅくすほど あまい。

かわを むいて たべる。

シュガースポット《しゅがーすぽっと》
じゅくすと かわに でてくる くろい てん。

マンゴー《まんごー》

あまみが つよく、みが やわらかい。たねは ひらべったい。

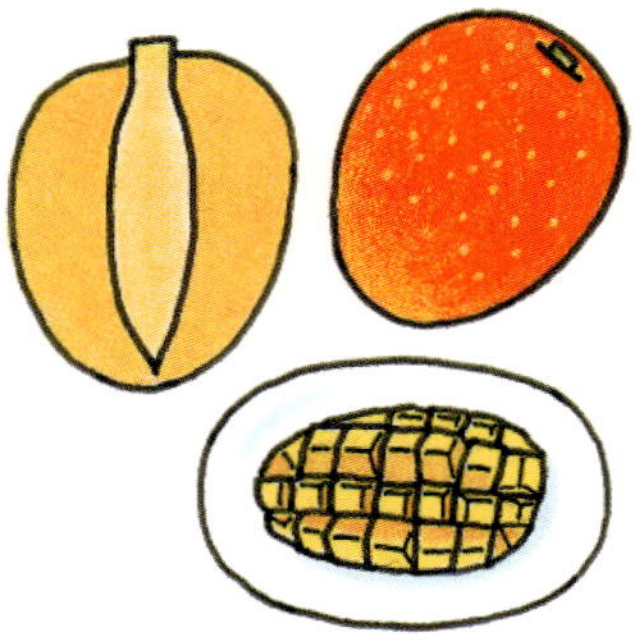

キウイフルーツ《きういふるーつ》

ちゃいろの みじかい けに おおわれている。みは みどりいろや きいろ。さんみが ある。

ドライフルーツ《どらいふるーつ》

くだものを ほして かんそうさせたものを「ドライフルーツ《どらいふるーつ》」と いいます。

マンゴー《まんごー》

バナナ《ばなな》

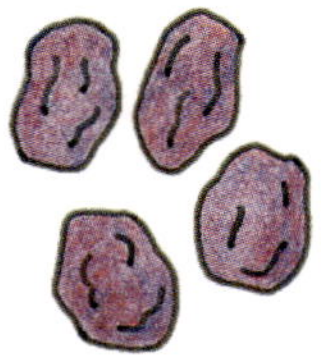

ほしぶどう

パイナップル《ぱいなっぷる》

すいか

みどりいろの かわに
くろい しまもようが ある。
なかの みは あかや きいろ。
すいぶんが おおくて あまい。

メロン《めろん》

かわに あみめが あるものや
つるんと したものが ある。
あまみが とても つよい。

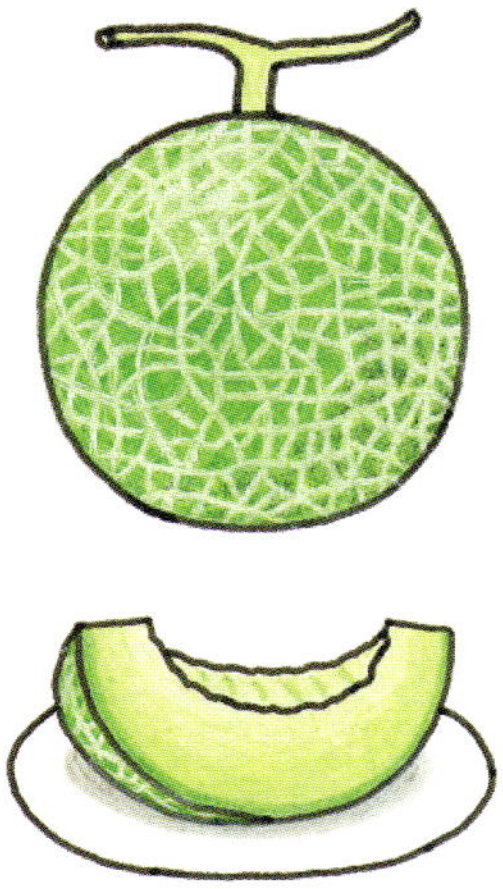

パパイヤ《ぱぱいや》

みなみの くにの くだもの。
あまみが こい。
みどりいろの みを
りょうりに
つかうことも ある。

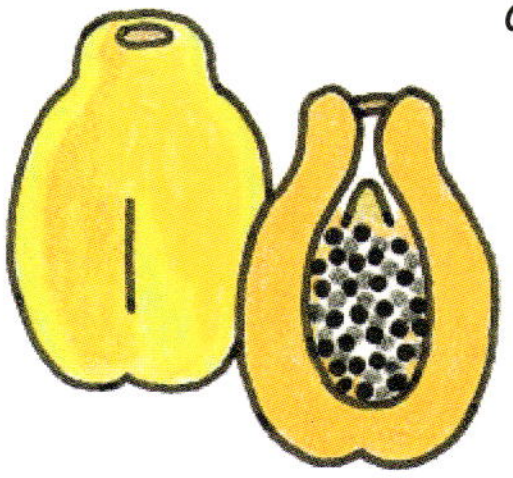

アボカド《あぼかど》

あまみは ない。
りょうりに
つかうことが おおい。

まんなかに
おおきな
たねが
はいっている。

アボカド《あぼかど》は
きると いろが
かわりやすいので
レモン《れもん》の しるを
かける。

きに なる み

くり

いがに つつまれている。
そとがわの かたい かわと
うちがわの うすい かわを
むいて たべる。
あまみが ある。

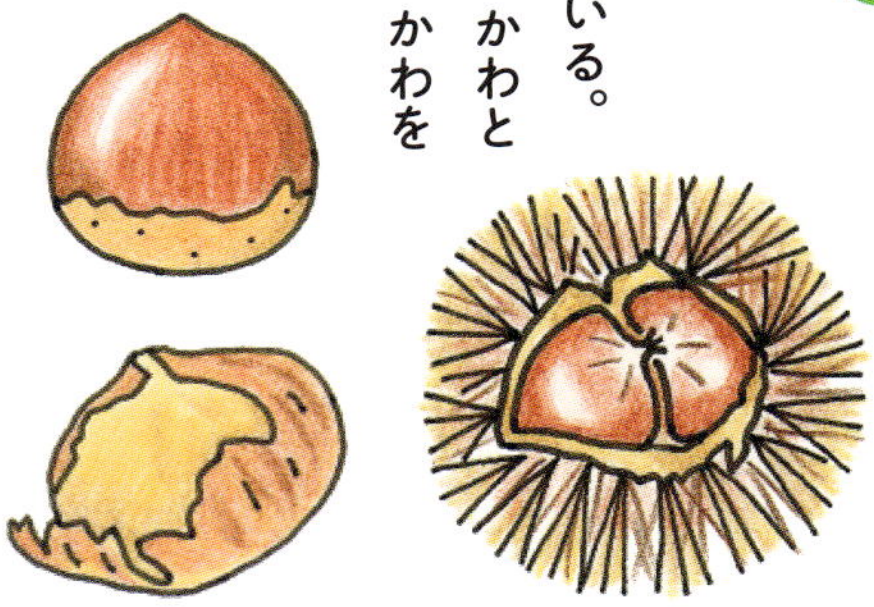
そとがわ
うちがわ

そのほかの きのみ

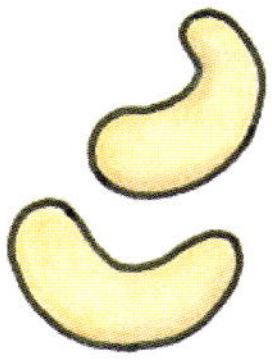

カシューナッツ《かしゅーなっつ》

くるみ

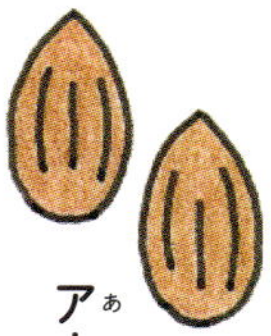

アーモンド《あーもんど》

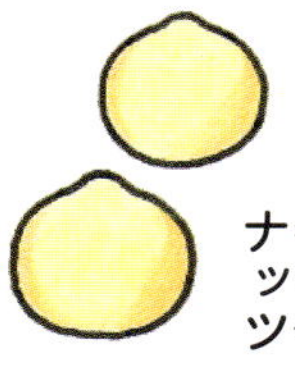

マカダミア《まかだみあ》ナッツ《なっつ》

おうちのかたへ

野菜と果物の区別は、実はあいまいです。農林水産省の基準では、畑で栽培される草の仲間が野菜、木になるものが果物とされています。この分類だと、すいか、いちご、メロンは野菜ということになりますが、「使われ方が果物に近い」という理由で「果実的野菜」とされています。これに対して、流通の現場などでは、「おかずにするもの」を野菜、「おやつやデザートにするもの」を果物とする考え方もあるそうです。

マンゴー、パパイヤ、バナナなどは、熱帯地方が原産の果物です。日本の気候では育てにくいため、国内の生産量は多くなく、果実そのものを輸入しています。

つくって
みよう

フルーツポンチ《ふるーつぽんち》

いろいろな くだものを きってみよう。

ざいりょう

(4 にんぶん)

くだものの かんづめ
…1 かん

バナナ《ばなな》…2 ほん

いちご…8 つぶ

ジュース《じゅーす》
…500 ミリリットル《みりりっとる》

つかう どうぐ

ほうちょう

まないた

ボウル《ぼうる》

① かんづめから くだものを だす。
あぶないので
おとなに やってもらおう。

② バナナ《ばなな》の かわを むく。
いちごを みずで あらって、
へたを とる。

③ バナナ《ばなな》を わぎりに する。

④ いちごを はんぶんに きる。

⑤ くだものを ボウル《ぼうる》に いれたら
ジュース《じゅーす》を かける。

できあがり

バナナ《ばなな》を
クッキー《くっきー》の かたで ぬくと
かわいい かたちに なるよ。

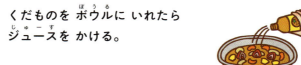

7 たまご・にゅうせいひん・まめ

たまごと ぎゅうにゅう、こなを まぜて
ホットケーキ《ほっとけーき》を つくるよ。

たまご

わたしたちが よく たべているのは
にわとりの たまごだよ。
たまごを つかうと いろいろな
りょうりが できるんだね。

たまごには、えいようが
たっぷり はいっています。

たまごの なか

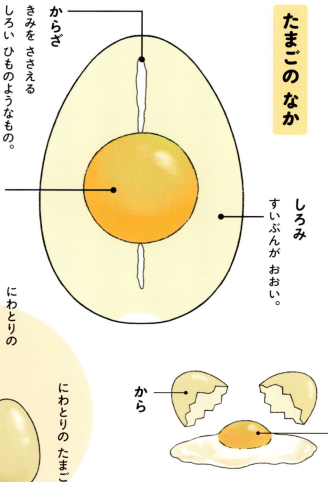

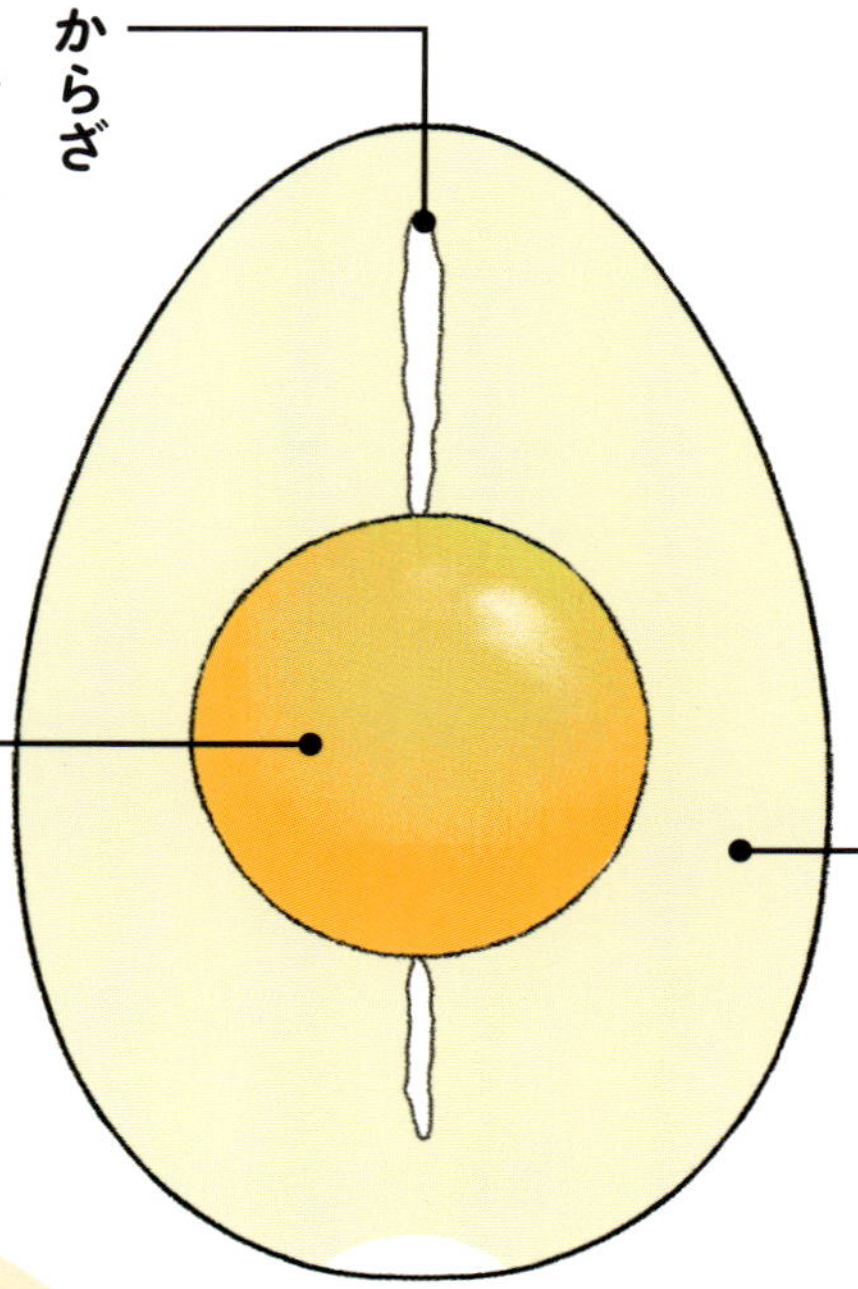
しろみ
すいぶんが おおい。
きみを ささえる
しろい ひものようなもの。
きみ
いろいろな
えいようが
たくさん
はいっている。

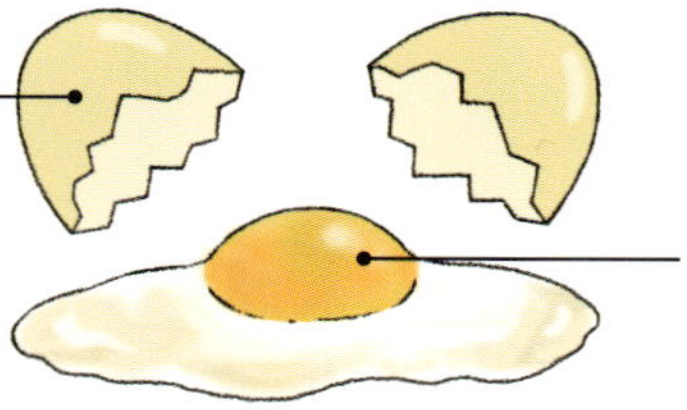
しんせんな たまごは
きみが ふっくら
もりあがっている。
から

にわとりの
たまごだけでなく、
うずらの たまごを
たべることも ある。

うずらの たまご

たまごを あつかう コツ《こつ》

ひびを いれる
かたくて たいらな
ところに あてる。

わる
ひびに ゆびを かけて、
からを わる。

とく
きみと しろみを
かきまぜる。

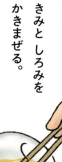

いろいろな たまごりょうり

ゆでる

ゆでたまご

やく

めだまやき

いる

いりたまご

とじる

おやこどん

とりにくを にた あと といた たまごを いれて ぐを まとめる。

まぜる

マヨネーズ《まよねーず》

たまごの きみと あぶら、すなどを まぜる。

むす

ちゃわんむし

といた たまごに だしと ぐを いれて むす。

あわだてる

メレンゲ《めれんげ》

しろみを あわだてる。

つつむ

オムライス《おむらいす》

たまごやきで ごはんを つつむ。

たまごの ゆでかげん

はんじゅく

きみの いちぶが とろりと していて、しろみは かたまっている。

かたゆで

きみも しろみも しっかり かたまっている。

おんせんたまご

きみは ほとんど かたまり、しろみが とろりと している。

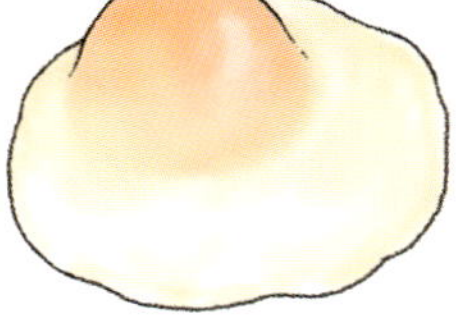

おうちのかたへ

卵には質のよいタンパク質とミネラルが豊富です。多くの栄養成分をバランスよく含むことから、「完全食品」などと呼ばれることもあります。ただし、ビタミンCと食物繊維は含まれていないので、野菜と組み合わせると栄養バランスが整います。調理法が多彩なことも、卵の特徴です。かき混ぜると泡立つ「起泡性」、熱を加えるとかたまる「凝固性」、水と油を混ざりやすくする「乳化性」などの特徴を生かして、幅広く使われています。例えばスポンジケーキがふんわりと膨らむのは、おもに卵の起泡性によるものです。マヨネーズがなめらかに仕上がるのは、卵黄の働きで油と酢（水分）が混ざり合うためです。

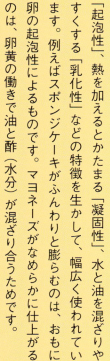

にゅうせいひん①

きょうの あさごはんには
パン《ぱん》と ぎゅうにゅうが あったよ。
パン《ぱん》に ぬる バター《ばたー》は
なにから できているのかな。

ぎゅうにゅうは うしの ちちを しぼったものです。
ぎゅうにゅうを つかって つくる
たべものや のみものを
「にゅうせいひん」と いいます。

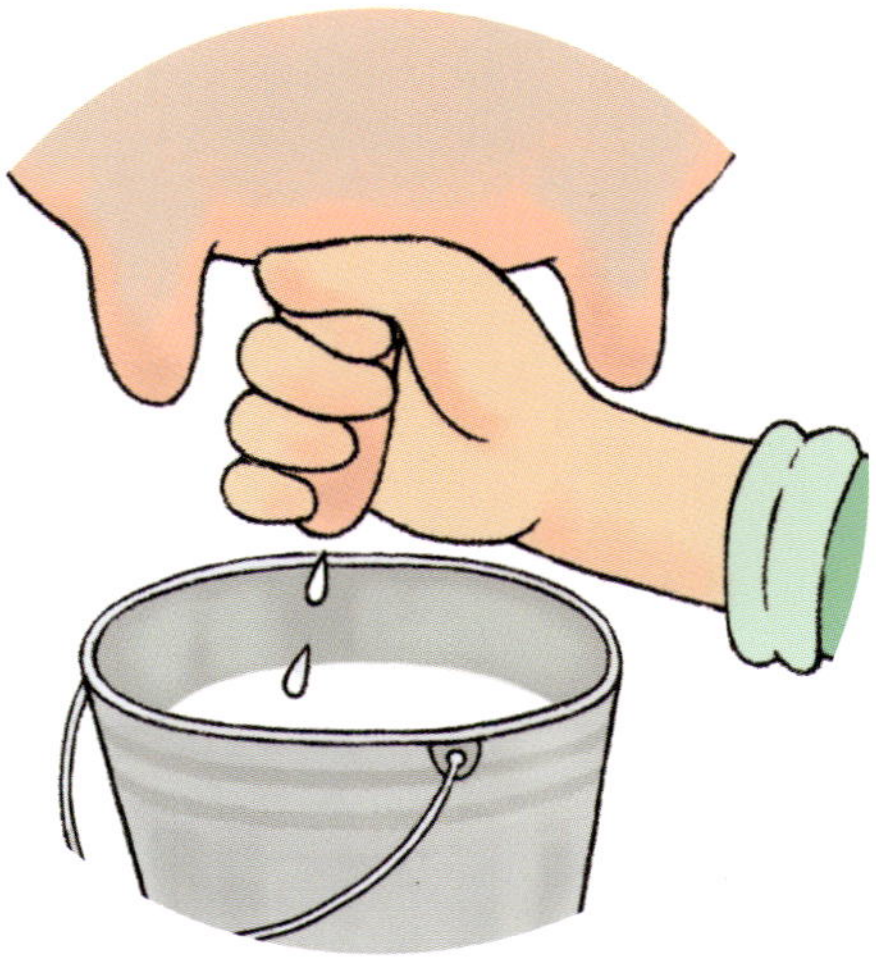

ぎゅうにゅう

シチュー《しちゅー》

ミルクココア《みるくここあ》

ぎゅうにゅうは
りょうりや のみものにも
よく つかわれる。

にゅうぎゅうと にくぎゅう

ちちを しぼるために
そだてられる めすの うしを
「にゅうぎゅう」と いいます。
にくを たべるために
そだてられる うしを
「にくぎゅう」と いいます。

にゅうぎゅう

にくぎゅう

いろいろな にゅうせいひん

クリーム《くりーむ》

ぎゅうにゅうから
とりだした あぶらと
すいぶんを つかって
つくったもの。

ホイップクリーム《ほいっぷくりーむ》

クリーム《くりーむ》を つよく
あわだてると
ホイップクリーム《ほいっぷくりーむ》に
なります。

バター《ばたー》

クリーム《くりーむ》の なかの
あぶらだけを
かためて
つくったもの。
あたためたり
こがしたりすると
こうばしい かおりが
する。

パン《ぱん》に ぬったり
おかしや ケーキ《けーき》の
ざいりょうに
つかったりする。

マーガリン《まーがりん》

マーガリン《まーがりん》は おもに
しょくぶつの あぶらから
つくる たべものです。
バター《ばた》と あじが
にています。

バター《ばたー》より やわらかく
とけるのが はやい。

おうちのかたへ

牛乳から作る乳製品には、発酵させないものとさせるものがあります。発酵させないものの代表が、クリームやバターです。

クリームは、牛乳の脂肪分を取り出したものです。コクやまろやかさを出したい料理に加えるほか、空気を含むと泡立つ性質を生かして、お菓子のデコレーションなどにも使われます。

生クリームをよく混ぜ、脂肪分をかためたものがバターです。バターと味や見た目が似ているマーガリンは、油脂に粉乳や水などを加えて練り合わせたものです。原料となる油脂や副材料の種類によって、低エネルギーのものやバターに近い風味のものなど、さまざまなタイプがあります。

にゅうせいひん②

あさごはんの ヨーグルト《よーぐると》、
おやつの アイスクリーム《あいすくりーむ》、
ゆうごはんの ピザ《ぴざ》の チーズ《ちーず》。
にゅうせいひんは たくさん あるね。

チーズ《ちーず》

ぎゅうにゅうを「はっこう」させて かためた たべもの。
いろいろな かたちが ある。

うすく きった チーズ《ちーず》

6とうぶんした チーズ《ちーず》

あめがたの チーズ《ちーず》

こまかく きざんだ チーズ《ちーず》

さいて たべる チーズ《ちーず》

こなに した チーズ《ちーず》

チーズ《ちーず》の いろいろな たべかた

そのまま たべる。

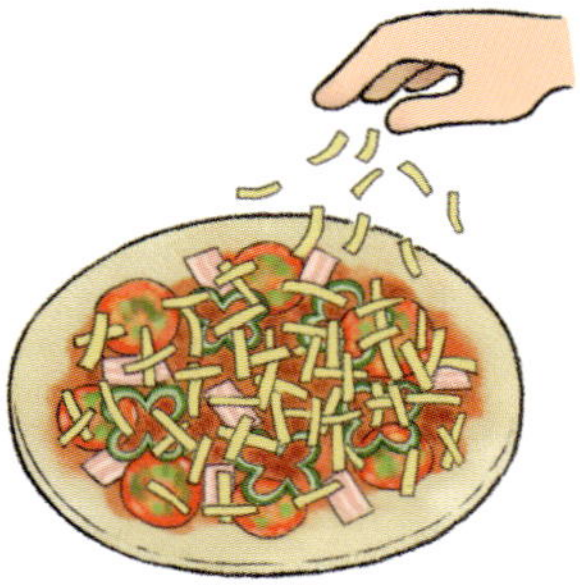

ピザ《ぴざ》に のせて やく。

スパゲッティ《すぱげってぃ》に ふりかける。

とかして ぐに つける。

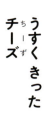

ヨーグルト《よーぐると》

ぎゅうにゅうに「にゅうさんきん」をくわえて はっこうさせた たべもの。

アイスクリーム《あいすくりーむ》

ぎゅうにゅう、さとう、たまごの きみなどをかきまぜて こおらせた たべもの。

ヨーグルト《よーぐると》には おなかの ちょうしを ととのえる はたらきが ある。

やわらかい アイスクリーム《あいすくりーむ》を のせたものを「ソフトクリーム《そふとくりーむ》」と いう。

にゅうせいひんに かんけいする ことば

はっこう

きんの はたらきで ざいりょうを べつのものに つくりかえること。

にゅうさんきん

ぎゅうにゅうを ヨーグルト《よーぐると》や チーズ《ちーず》に かえる はたらきを する きん。おなかの なかで わるい きんが ふえないよう はたらく。

おうちのかたへ

ヨーグルトとチーズは、牛乳を発酵させて作る乳製品です。発酵とは、体に無害な微生物の働きによって物質を分解し、人間にとって有益に作用することをいいます。この作用により、新しい香り成分や味わい、色、栄養価を作り出し、別の物質へと変化させます。

ヨーグルトは、おもに乳酸菌の作用で牛乳の味や質感、栄養価などを変化させたものです。牛乳のほか、山羊や羊、ラクダなどの乳からも作られます。チーズは、牛乳に乳酸菌や酵素を加えてかためたナチュラルチーズと、ナチュラルチーズを加熱・成形したプロセスチーズの2種類に分けられます。

まめ ①

にほんじんは むかしから
まめを よく たべていたんだって。
いろいろな いろや もようの
まめが あるよ。

まめには いろいろな
しゅるいが あります。

だいず

きだいず

きいろの だいず。
にまめや いりまめに する。
とうふや みそ、しょうゆを
つくる ざいりょうにも なる。

にまめ

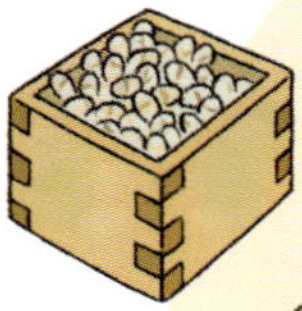

いりまめ

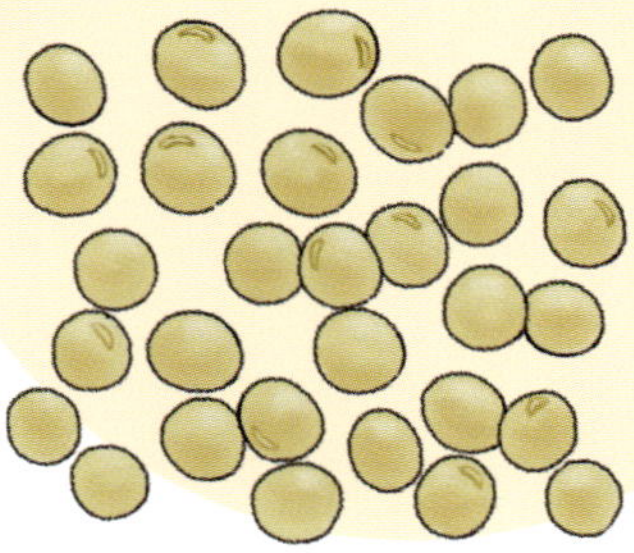

くろだいず

くろや むらさきいろの
だいず。

おせちの
くろまめ

あおだいず

みどりいろの だいず。
あまみが つよいものが
おおい。

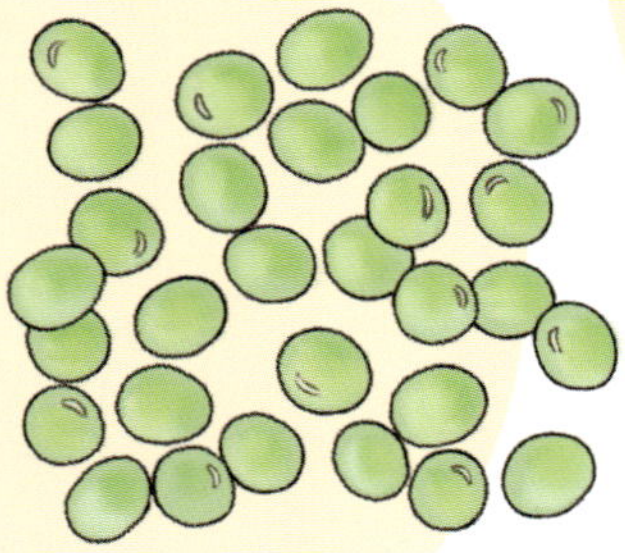

まめごはん

えだまめは わかい だいず

やさいや くだものの みが
せいちょうして
おとなに なることを
「じゅくす」と いいます。
じゅくす まえの
わかい だいずを
「えだまめ」と いいます。

ゆでて たべる。
（→134ページ）

いんげんまめ

きんとき

あかむらさきいろの まめ。
あかいんげんとも
よばれる。

にまめ

うずらまめ

もようが とりの
うずらの たまごに
にている。

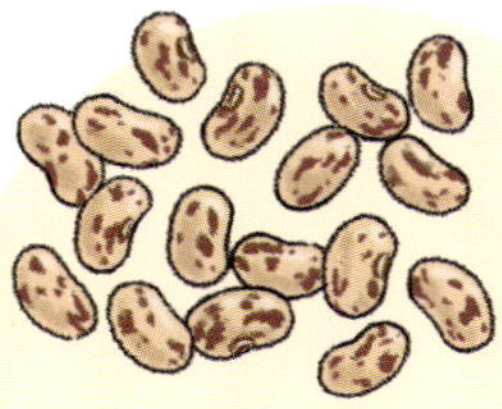

うずらの たまご

あまに

しろきんとき

まっしろな きんときまめ。
しろあんの
ざいりょうに なる。

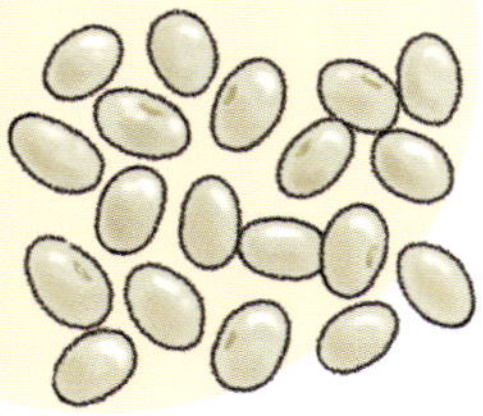

わがし

えんどう

あかえんどう

ふるくから わがしに
つかわれている。

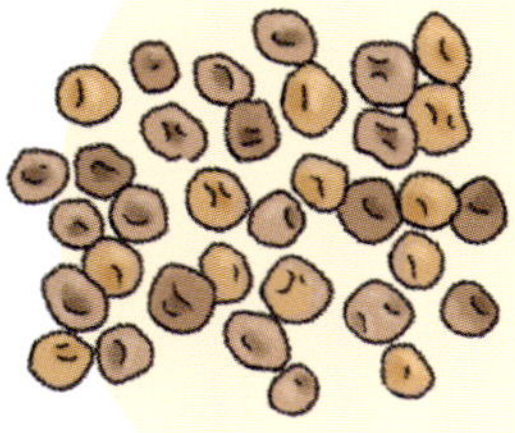

みつまめ

あおえんどう

あまく にたものを
「うぐいすまめ」と よぶ。

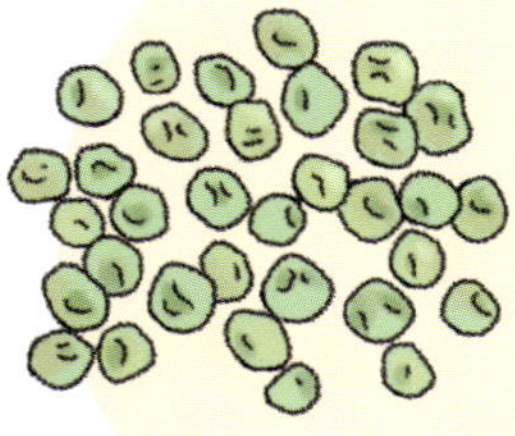

うぐいすまめ

グリーンピース《ぐりーんぴーす》

じゅくす まえの
えんどうの まめを
「グリーンピース《ぐりーんぴーす》」と いいます。

ピラフ《ぴらふ》

おうちのかたへ

完熟させた実を食べる豆は、おもに乾物として利用されます。日本で多く出回っている豆類は、大豆、小豆、落花生、えんどう、いんげん豆などのおもに8種類に分けられます。ほかにも、ひよこ豆（突き出した部分がひよこのくちばしに似ている）やひら豆（平たい円盤のような形で、レンズ豆とも呼ばれる）が西アジアなどから輸入され、食べられています。

豆を煮るときは、まずたっぷりの水に浸してもどします。十分に水を含んでふくらんだら、やわらかくなるまで下ゆでをし、料理に使います。下ゆでの仕上がりは、豆を指で軽く押したときにつぶれるぐらいのやわらかさが目安です。

まめ ②

わがしに かかせない あんも まめから つくられて いるんだ。

あずき

あかい いろが やくを はらうと いわれ、おいわいごとや ぎょうじで たべることが おおい。

せきはん

あずきに にた「ささげ」と いう まめを つかうことも ある。

おはぎ

おしるこ

だいふく

いろいろな あん

まめを やわらかく にて、さとうを まぜたものを「あん」と いいます。

つぶあん

あずきの かたちを くずさず にた あん。

どらやき

こしあん

にた あずきの かわを とって こした あん。

かしわもち

しろあん

しろい いんげんまめや しろい あずきで つくった あん。

ねりきり

うぐいすあん

あおえんどうで つくった あん。

うぐいすもち

らっかせい（なんきんまめ）

つちの なかに みを つける。なかの まめのことを えいごで 「ピーナッツ《ぴーなっつ》」と いう。

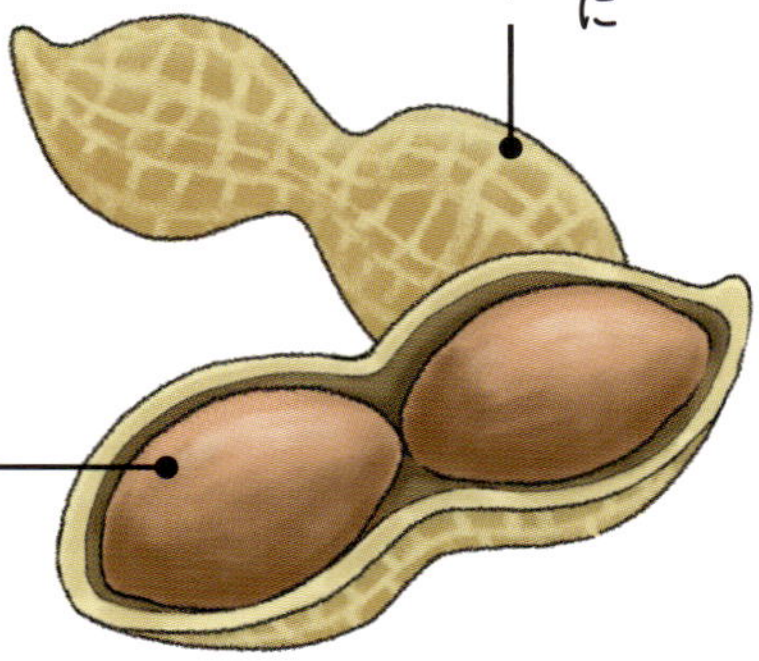

からのように かたい さや

まめは あかちゃいろの うすかわに つつまれている。

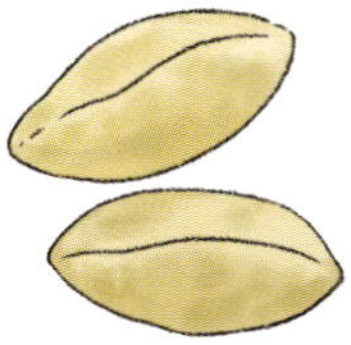

かわを むいた まめ。

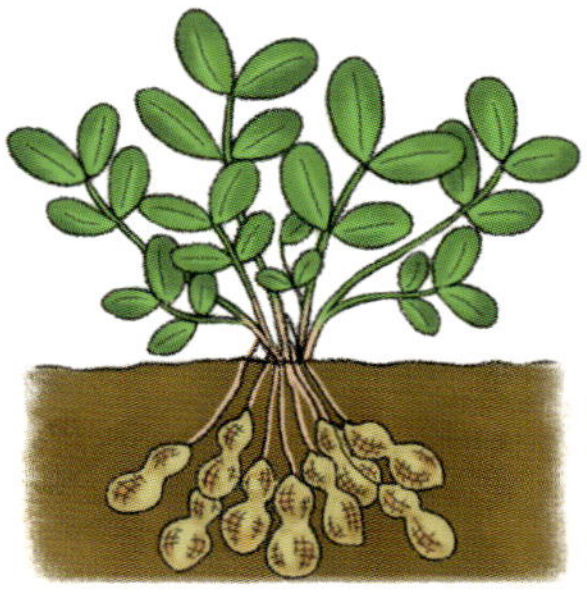

ピーナッツ《ぴーなっつ》を いって すりつぶすと ピーナッツバター《ぴーなっつばたー》に なる。

カカオ《かかお》まめと コーヒー《こーひー》まめ

チョコレート《ちょこれーと》は カカオ《かかお》まめ、コーヒー《こーひー》は コーヒー《こーひー》まめから できています。

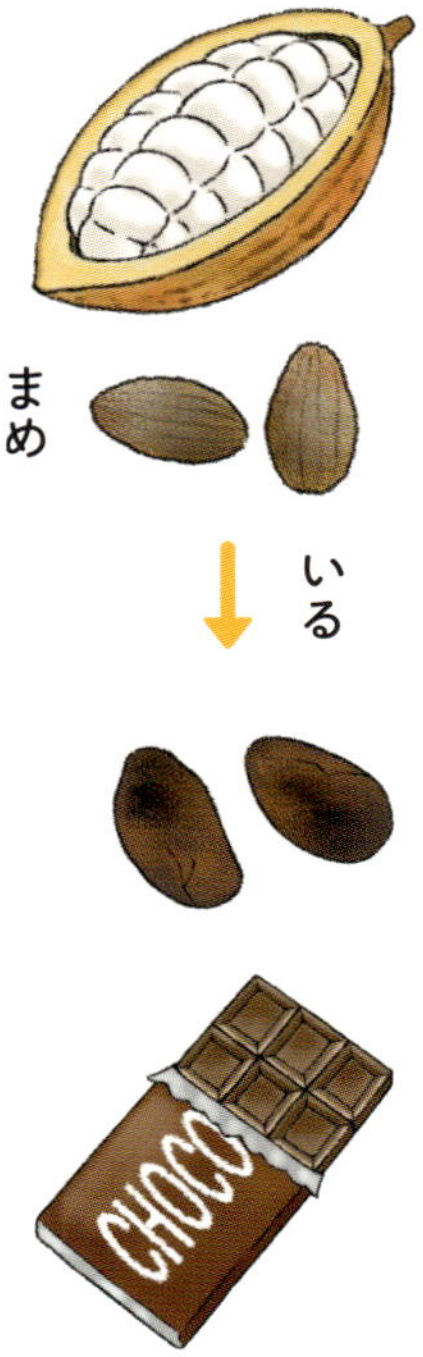

カカオ《かかお》のみ

まめ

いる

チョコレート《ちょこれーと》

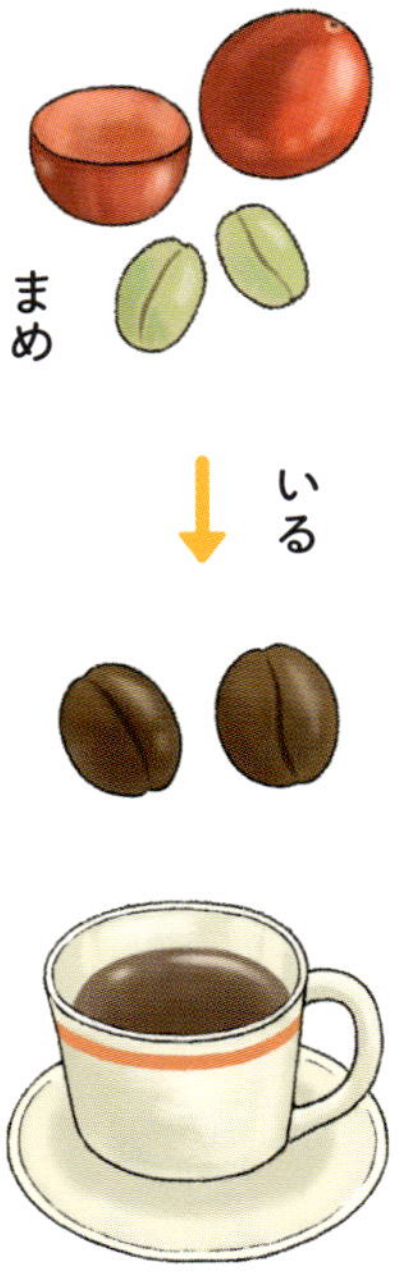

コーヒー《こーひー》のみ

まめ

いる

コーヒー《こーひー》

おうちのかたへ

和菓子に欠かせないあんは、小豆から作られます。粒を残して仕上げるものが粒あん、裏ごししたものがこしあん。白あんは、白いんげん豆や白小豆を使います。和菓子のあんは「あんこ」とも呼ばれます。

小豆に似たささげは、おもに赤飯に使われます。ささげで赤飯を炊く地域があるのは、「皮が破れて割れてしまう小豆は、祝いごとの席にはふさわしくない」とする考え方があったためといわれています。

カカオやコーヒーも「豆」と呼ばれますが、マメ科ではなく、樹木になる果実の中にできる「種」です。

とうふ

おみそしるに
とうふが はいっていたよ。
やわらかい とうふは
どうやって できるのかな。

とうふは だいずから つくります。

とうふが できるまで

にる

だいずを すりつぶして にる。

しぼる

にた しるを しぼって こす。

まぜる

しぼった しる（とうにゅう）に にがりを いれる。

かたに いれる

まぜたものを しかくい かたに いれる。

かためる

ふたを して かためる。

できあがり

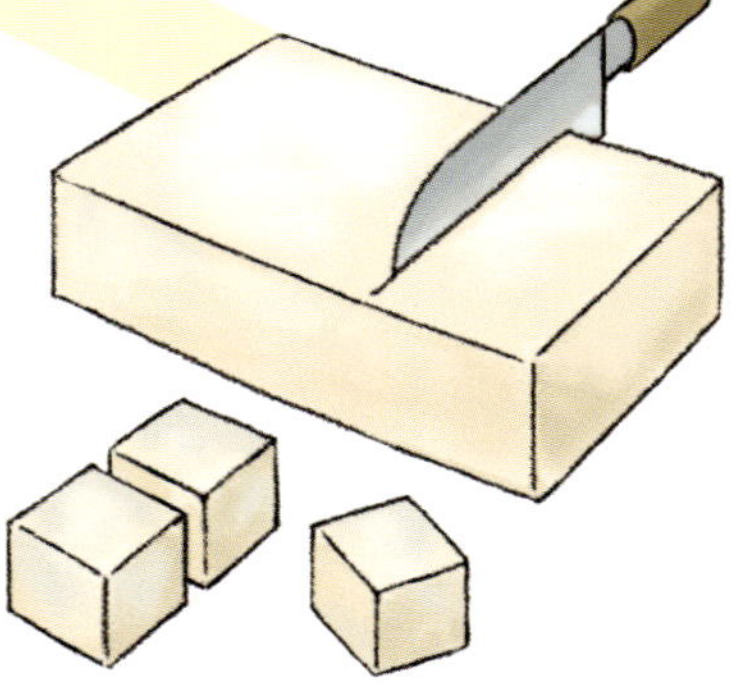

3センチメートル《せんちめーとる》くらいの しかくに きることを 「やっこに きる」と いう。

えどじだい、「やっこ」と いう たちばの ひとが きていた きものの もように にていることから いう。

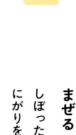

とうふの しゅるい

もめんどうふ
もめんの ぬのを しいた
かたに いれ、
かためたもの。

きぬごしどうふ
きぬで こしたように
なめらかで やわらかい。

とうふに かんけいする たべもの

とうふを つくる とちゅうで できる たべものが あります。

おから
とうにゅうを
しぼった のこりかす。
しろくて こまかい
おからの つぶを
ウツギ《うつぎ》の はなに
みたてて
「うのはな」 とも
よぶ。

ウツギ《うつぎ》

うのはなの
いりに

とうにゅう
すりつぶした
だいずを しぼった
えきたい。

とうにゅう
なべ

ゆば
とうにゅうに
ねつを くわえて
できる まく。

なまゆば

おうちのかたへ

和食には、大豆の加工品が多く使われます。代表的なものに豆腐があります。豆腐には、質のよいタンパク質が豊富で、ビタミン、ミネラル類も含まれています。低エネルギーで、豆乳を絞る段階で食物繊維が取り除かれているため、消化・吸収もスムーズです。豆腐をかためるにがり（苦汁）は、海水から食塩を精製する際に残る液体で、各種のミネラルが含まれています。

おからは、豆腐を作る際の副産物です。タンパク質などの栄養素も残っているうえ、食物繊維もたっぷり含まれています。炒って乾燥させたものは、お菓子やパンの材料としても使われます。

だいずから つくる たべもの

あぶらあげや あつあげ、わがしに つかう きなこも だいずから できているよ。

あぶらあげ

とうふを うすぎりに して あぶらで あげたもの。

いなりずし

あまからく にた あぶらあげに すしめしを つめる。

がんもどき

とうふに やさいや ひじきなどの ぐを まぜこんで あぶらで あげたもの。

おでん

あつあげ

ぶあつい とうふを あぶらで あげたもの。

ステーキ《すてーき》

ちいきに よって なまえが ちがう?

「がんもどき」とは かんとうでの よびかたです。かんさいでは 「ひろうす」や 「ひりょうず」と よばれることも あります。

なっとう

むした だいずに なっとうきんを まぜて はっこうさせたもの。

なっとうは まぜれば まぜるほど ねばりが でる。

なっとうの しゅるい

かたちや あじが ちがう いろいろな しゅるいが あります。

つぶ

まめの かたちを のこしている。

ひきわり

つぶを こまかく きざんでいる。

きなこ

だいずを いって こなに したもの。

あべかわもち

きなこと さとうを まぶした もち。

だいずから できる ちょうみりょう

みそや しょうゆは だいずを はっこうさせた ちょうみりょうです。

みそ

（→140ページ）

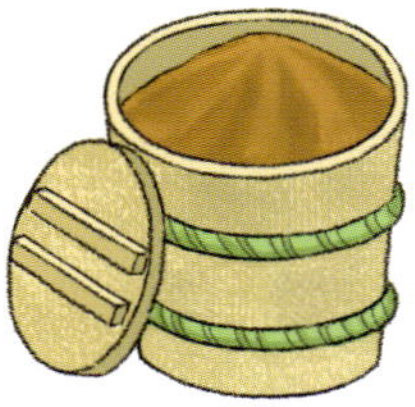

しょうゆ

（→140ページ）

おうちのかたへ

油揚げや厚揚げ、がんもどきは、豆腐を揚げて作ります。油揚げを「薄揚げ」「いなり揚げ」、厚揚げを「生揚げ」と呼ぶ地域もあります。このほか豆腐の加工品としては、豆腐を凍らせて熟成・乾燥させた高野豆腐（凍り豆腐、凍み豆腐）、豆腐を麹《こうじ》などで発酵させた沖縄の「豆腐よう」などが挙げられます。

納豆は、日本の伝統的な食品です。大豆の栄養がとれるだけでなく、発酵によってビタミン類が増えるため、栄養価が高まります。ひきわり納豆は、蒸す前に大豆を砕いて作っています。食感が違うだけでなく、表面積が増えて納豆菌が多く付着するので、独特の風味が生まれます。

つくってみよう

えだまめ

おゆを つかって ゆでてみよう。

ざいりょう

(4 にんぶん)
えだまめ … 250 グラム《ぐらむ》
しお
　… おおさじ 1
　　（しおもみよう）
　… おおさじ 1 と 2 ぶんの 1
　　（しおゆでよう）
みず … 5 カップ《かっぷ》

つかう どうぐ

キッチン《きっちん》ようの はさみ
ざる
ボウル《ぼうる》
なべ

※ひを つかうときは おとなの ひとと いっしょに やろう。

① えだまめの さやの りょうはじを はさみで きりおとす。

② えだまめを ざるに いれて あらう。

③ ボウル《ぼうる》に いれて しお おおさじ 1 を ふる。 てで よく もみこむ。

④ なべに みずを いれて ひに かける。 ひは なべの そこから はみださないくらいに する。

⑤ ゆを ふっとうさせて、 しお おおさじ 1 と 2 ぶんの 1 を いれる。

⑥ えだまめを いれて、 4 ぷんくらい ゆでる。

⑦ ざるに あげて、みずけを きる。 ねつを さます。

↓

できあがり

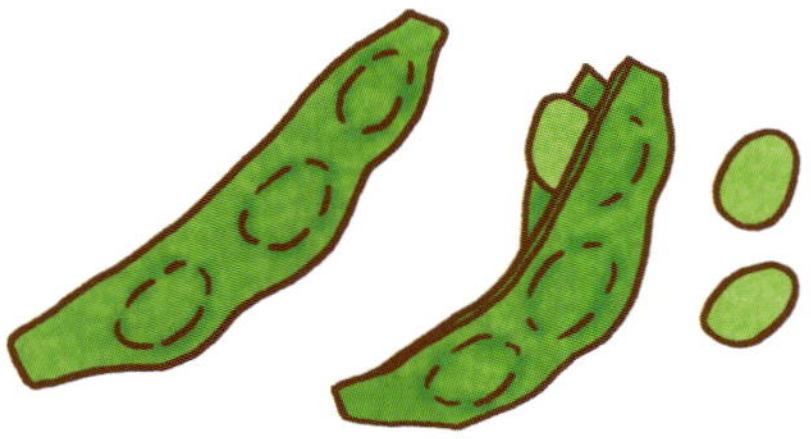

チーズ《ちーず》や ウインナー《ういんなー》と いっしょに ピック《ぴっく》で さすと かわいくなるよ。

8 ちょうみりょう・だし・かんぶつ・やくみ

ちょうみりょうを すこし
いれるだけで、
あじが かわるんだね。

りょうりの あじ

ゆっくり たべると
いろいろな あじを
かんじられるね。

りょうりを たべて かんじる あじには いろいろな しゅるいが あります。

あまみ

あまい あじ。

にがみ

にがい あじ。

さんみ

すっぱい あじ。

えんみ

しおからい あじ。

うまみ

だし（➡146ページ）の あじ。

からみ

ひりひりと さすような あじ。

あじに かんけいする ことば

あっさり

うすくて
あぶらっぽくない
あじ。

さっぱり

さわやかな あじ。

こってり

こくて しつこい
あじ。

まろやか

やわらかい
おだやかな
あじわい。

こくが ある

ふかみの ある
こい あじわい。

なめらか

まとまっていて、
とろけるような
かんじ。

のどごし

のどを
とおっていく
かんじ。

したざわり

したに たべものが
ふれた かんじ。

はごたえ

はで かんだ
かんかく。

おうちの かたへ

人は、舌や口の中にある味蕾《みらい》で味のもととなる物質をとらえ、脳へ伝えることで味を感じます。料理のおいしさは、味や刺激の組み合わせによって生まれますが、食べるときに使われているのは味覚だけではありません。嗅覚でとらえる香りや、触覚でとらえる温度、舌ざわりなども、味を構成する大切な要素です。また、辛みは、味の一種としてではなく、刺激として触覚でとらえていると考えられています。

　このほか、視覚でとらえる料理の彩りや美しさも、料理の味を左右します。聴覚でとらえる食べたときの音も、食感を感じとる手助けとなっています。

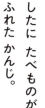

ちょうみりょう①

しおと さとうは、
みためは そっくりなのに
あじは ぜんぜん ちがうね。

たべものに あじを
つけるために つかうものを
「ちょうみりょう」と いいます。

しお

しょっぱい
(しおからい)。
かいすいなどから
つくる。

つぶが
こまかいものと
あらいものが
ある。

しおの やくわり

ざいりょうから
すいぶんを ぬく。

いろを
あざやかに する。

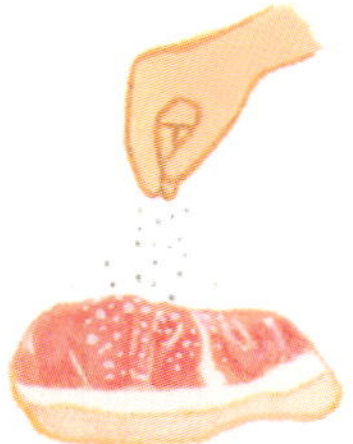

みが くずれるのを
ふせぐ。

しおを つかった わざの ことば

ふりじお

しおを ふること。
「あてじお」「しおを する」
とも いう。

よびしお

しおからいものを
うすい しおみずに つけて
しおの あじを ぬくこと。

たてじお

しおを とかした
みず。
さかなを
あらったり、
つけたり
するために つかう。

しおもみ

やさいに しおを ふって
もみ、すいぶんを だすこと。

さとう

あまい。さとうきびの くきを しぼって でてきた しるなどを つかって つくる。

じょうはくとう

しろい。

あっさりとした つよい あまみ。

さんおんとう

ちゃいろい。

こくのある あまみ。

さとうの やくわり

くさりにくくする。

ジャム《じゃむ》

たべものを やわらかくする。

あんぱん

あわだちを よくする。

ホイップクリーム《ほいっぷくりーむ》

みりん

むした もちごめなどを しょうちゅうなどに まぜて つくる。

あまい。

さけの あじを けしたいときは、ひに かけるか、にきって（↓31ページ）から つかう。

みりんの やくわり

てりを だす。

にもの

にくずれを ふせぐ。

ふろふきだいこん

さかなの なまぐささを けす。

おうちの かたへ

塩は、海水、岩塩、塩分を含む湖の水などから作られます。塩には脱水作用があるため、海産物の塩蔵加工（塩をまぶして保存性を高める）にも使われます。塩抜きをする際の呼び塩が有効なのは、食材と塩水の濃度を一定にしようとする浸透圧が働き、食材の塩分だけが塩水に移るためです。真水につけても塩分は抜けますが、食材に水分が入り水っぽくなってしまいます。

砂糖は、サトウキビやテンサイの絞り汁から作られ、加工のしかたによって、色や形、風味はさまざまです。みりんの甘みは発酵によって生まれたもので、砂糖が加えられているわけではありません。

ちょうみりょう②

ちょうみりょうには
あじを つける ほかにも
いろいろな やくわりが
あるんだね。

しょうゆ、みそ、すは、ざいりょうを
はっこうさせて つくります。

しょうゆ

だいずと こむぎこを
つかい、しおを まぜ、
はっこうさせて つくる。
えんみと うまみ、
かおりが ある。

こいくち しょうゆ
いろが こく、
うまみが つよい。

うすくち しょうゆ
いろが うすい。

しょうゆの やくわり

えんみと うまみを
つける。

チャーハン《ちゃーはん》

こうばしくする。

てりやき

ながもちさせる。

いくらの
しょうゆづけ

みそ

こうじに、
だいずと
しおを まぜ、
はっこうさせて
つくる。
つくりかたで
いろが かわる。

あかみそ

しろみそ

あわせみそ

いくつかの しゅるいを
まぜた みそを
「あわせみそ」と いう。

みその やくわり

えんみと うまみを たす。

みそしる

くさみを けす。

さいきょうやき

ながもちさせる。

みそづけ

す

こめや くだものなどを はっこうさせて つくる。
すっぱくて さわやか。

こくもつす
こめ、むぎ、とうもろこしなどから つくる。

かじつす
くだものを しぼった しるから つくる。

すの やくわり
さかななどに ついている、しょくちゅうどくを おこす きんを ころす。

くさるのを ふせぐ。

うめシロップ《しろっぷ》

あくを ぬく。

ちょうみりょうに かんけいする ことば

あじつけ
ちょうみりょうを つかって、りょうりや たべものに あじを つけること。

したあじ
ざいりょうに あじを つけておくこと。

あじみ
すこしだけ たべたり のんだりして、あじを たしかめること。

かくしあじ
ちょうみりょうを すこしだけ いれて、りょうりの あじを ひきたたせること。

おうちのかたへ

しょうゆは、麹《こうじ》に塩水を加えた「もろみ」を熟成させて絞った調味料です。「濃口」「うす口」の分類は、色の濃さによるものです。うす口しょうゆは熟成させる途中で塩を加えるため、一般的なものを比較すると、うす口のほうが塩分は高めです。米みそは、大豆に麹、塩、水を加えて発酵させたものです。米麹を使うものを「米みそ」、麦麹を使うものを「麦みそ」、大豆に直接麹菌を植えつけるものを「豆みそ」といいます。このほか、「赤みそ」「白みそ」など、色による分類もあります。

酢には、米や小麦などから作る「穀物酢」と、果汁から作る「果実酢」があり、原料によって味や香りが異なります。

ちょうみりょう③

くにや ちいきで つかう ちょうみりょうが ちがうんだね。

いろいろな ちょうみりょうを つかって りょうりに あじを つけます。

ちゅうかりょうりに つかう ちょうみりょう

からい ちょうみりょうや ソース《そーす》で あじを つける。

オイスターソース《おいすたーそーす》
かきを はっこうさせて つくる。
うまみが つよい。

ラーゆ
ラー《らー》ゆ
とうがらしの はいった からい あぶら。

とうばんじゃん
とうがらしの はいった からい みそ。

ようしょくに つかう ちょうみりょう

りょうりの さいごや たべるまえに かけて あじを つける。

ケチャップ《けちゃっぷ》
トマト《とまと》から つくる。

ウスターソース《うすたーそーす》
やさいと スパイス《すぱいす》で つくる。

ドレッシング《どれっしんぐ》
サラダ《さらだ》に かける。
あぶらや す、スパイス《すぱいす》などを まぜて つくる。

マヨネーズ《まよねーず》
（↓121ページ）
たまごの きみ、す、あぶらを まぜて つくる。

マスタード《ますたーど》
カラシナ《からしな》の たねから つくる。
からくて すっぱい。

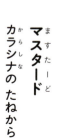

スパイス《すぱいす》

つよい かおりと からみで しげきを くわえる。「こうしんりょう」とも いう。

こしょう

ぴりっと からい。

つぶを こまかい こなにして つかう。

カレー《かれー》こ

カレー《かれー》に つかう スパイス《すぱいす》を まぜたもの。

あぶら

こくを くわえたり、かおりを ひきだしたりする。

サラダ《さらだ》あぶら

いろいろな しょくぶつから しぼりとった あぶら。

ごまあぶら

ごまから しぼりとった あぶら。かおりが よい。

とろみを つける・かためる

かたくりこなどの こなを みずに といて りょうりに まぜると、とろみを つけることが できます。

みずとき かたくりこ

かんてんや ゼラチン《ぜらちん》を ゆに とかして ざいりょうと まぜ、ひやすと かためることが できます。

かんてん

ゼラチン《ぜらちん》

おうちの かたへ

塩、砂糖などの基本的な調味料に加え、それぞれの国や地域の食文化に応じて、独自の調味料が発達してきました。中華料理には、甜麺醤《てんめんじゃん》、XO醤など、「醤」がつく調味料がたくさんあります。「醤」は「たれ」のような意味で、調味料や食材を組み合わせて複雑な味に仕上げられています。

洋食に使われる調味料は、日本でもおなじみのものがほとんどです。スパイスやハーブ、風味のよい油などは、少し加えるだけで本格的な味わいが生まれます。調味料は味のバリエーションを広げるのに役立ちますが、素材そのものの味を生かすことも大切です。

ちょうみりょうを あわせる

ちょうみりょうには おいしくなる くみあわせが あるんだね。

ちょうみりょうは あわせて つかうと いろいろな あじに かわります。

にはいず

さっぱりと していて あまみが ない。さかなや かいの すのものなどに つかう。

す ＋ しょうゆ

すしず

さんみと あまみが ある。ごはんに まぜると すしめしが できる。

す
しお ＋ さとう

とさず

かつおの うまみが ある。さかなの あえものなどに つかう。

す　しょうゆ ＋ みりん　かつおぶし

ポン《ぽん》ずしょうゆ

さわやかな かおりが ある。たれなどに つかう。

しょうゆ ＋ ゆずや レモン《れもん》などの しぼりじる

すみそ

まろやかで あまい。やさいや さかなに かけたり あえたり する。

みそ
す ＋ さとう

ちょうみりょうを いれる じゅんばん

ちょうみりょうには いれる じゅんばんが あります。

さとう

しみこむのに じかんが かかるので さいしょに いれる。

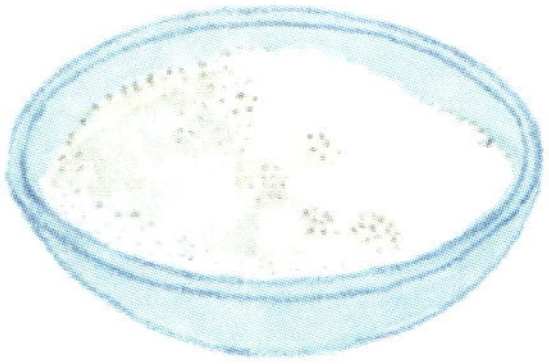

しお

あじが しみこみやすいので、 さとうの あとに いれる。

す

とちゅうで いれると ツン《つん》とせず まろやかに なる。

しょうゆ

ながい じかん あたためると かおりが とんでしまうので、 あとから いれる。

みそ

あたためすぎると かおりが とび、 あじも かわるので さいごに いれる。

おうちの かたへ

数種類の調味料を混ぜ合わせて使う「合わせ調味料」のうち、基本的なものには名前がつけられています。二杯酢は、酢としょうゆを1杯ずつ合わせたもの。実際にはしょうゆをやや少なめにし、さらにだしを加えることが多いようです。また、「ポン酢」という名前は、柑橘《かんきつ》類の果汁を意味するオランダ語「ポンス」に「酢」の漢字をあてたものといわれています。

味つけの順序は全ての料理にあてはまるわけではありませんが、煮ものなどの味つけの基本として覚えておくと役立ちます。「さしすせそ」ともいわれ、「せ」は、しょうゆを昔風に表記した「せうゆ」、「そ」は、みその「そ」をあてたものです。

だし

にものや しるものの
おいしさの もとは
だしに あるんだね。

こんぶや かつおなどから つくる
うまみの ある しるを 「だし」と いいます。

だしの ざいりょう

こんぶ（こぶ）
かいそう（こんぶ）を
かんそうさせたもの。

みずに
つけるだけでも
だしが とれる。

にぼし
こざかなを にて
かんそうさせたもの。

かつおぶし
かつおの みを にて、
かんそうさせてから
いぶすことを
くりかえす。
そのあと、かびを
つけて ほしたものを
けずる。

ほししいたけ
しいたけを
ほしたもの。
かおりが つよい。

かつおぶしが できるまで

❶ かつおを おろす（↓47ページ）。

❷ けむりで いぶす。

❸ かびを つけて にっこうに あてて ほす。

❹ けずる。

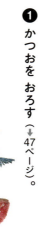

だしの ざいりょうから だしを つくることを「だしを とる」と いいます。

だしの とりかた

❶ こんぶを にだす。
ふっとうする まえに
こんぶを とりだす。

❷ かつおぶしを
いれる。

❸ ざるで こして、
すいぶんだけに する。

せかいの だし

ようしょくに
つかう だしでは
にく、セロリ《せろり》、
たまねぎなどを
つかいます。

ちゅうかりょうりに つかう だしでは
とりがら、ねぎ、しょうがなどを
つかいます。

だしに かんけいする ことば

おいがつお

だしや にじるに
かつおぶしを
くわえて
うまみを たすこと。

いちばんだし

さいしょに とった
だしのこと。

にばんだし

いちばんだしの
だしがらで とった
だしのこと。

おうちのかたへ

昆布とカツオ節でだしを取る際、2種類の食材を時間差で加えるのは、うまみが出る温度が異なるためです。和食のだしに欠かせないカツオ節は、3枚におろして加熱したカツオをじっくりと燻製《くんせい》にしてから、表面にカビをつけて干したもの。カビをつけるのは、微生物の力で発酵・熟成させるためで、体に害のない種類のカビが使われています。

一番だしは香り高く、上品に澄んだ色で、吸い物や茶碗蒸し、麺類のつゆなど、だしの味そのものを楽しむ料理に向いています。二番だしは香りがやや弱いですがうまみが濃く、みそ汁や煮もの、鍋料理など調味料で味つけする料理に向いています。

かんぶつ

かんぶつは、かんそうさせて
すいぶんを なくした
たべものだよ。

たべものを ほすと、
すいぶんが なくなり、
ながもちさせることが できます。

のうさんぶつ

たや はたけなどで つくるもの。

きりぼし だいこん
だいこんを きって
ほしたもの。

なます

かんぴょう
ユウガオ《ゆうがお》の みを
ひものように
むいて
ほしたもの。

かんぴょう まき

はるさめ
じゃがいも
などの
でんぷんから
つくる。

はるまき

ふ
こむぎこから
つくる。

みそしる

きくらげ
きに はえる。
くらげに にた きのこ。

あんかけ やきそば

かいさんぶつ

うみから とれるもの。

ひじき
かいそうの ひじきを にて ほしたもの。

かいばしら
かいの きんにくを ほしたもの。

わかめ
かいそうの わかめを しおに つけて ほしたもの。

かんてん
（→143ページ）
てんぐさと いう かいそうから つくる。

かんぶつを りょうりに つかえる じょうたいに することを 「もどす」と いいます。かんぶつは みずに つけたり ゆでたりして もどします。

わかめ
みずに つける。

かんぴょう
みずで あらってから ゆでる。

もどさず たべる かんぶつ

もどさず、そのまま たべる かんぶつも あります。

のり
かいそうを ほしたもの。

さくらえび
ちいさな えびを ほしたもの。

おうちの かたへ

乾物は、保存性を高めるために乾燥させた食品のことです。水分を抜くことによってうまみが凝縮し、風味や食感も変化します。農産物も海産物も乾物に加工されますが、魚の乾物は「干もの」と呼ぶのが一般的です。

乾物は、水洗いしてほこりなどを落としたあと、水につけてもどすのが基本です。ただし春雨は、熱湯をかけたりさっとゆでたりしてもどします（もどさずに使える製品もある）。わかめなどの薄い海藻は、汁ものなどに加えるときはもどす必要はありません。もどした乾物はしっかり絞ってから調理します。水を含んだままだと料理の味が薄まってしまうことがあるからです。

やくみ

りょうりの あじを
ひきたてるために
かおりや ふうみを そえるものを
「やくみ」と いうよ。

いろいろな やくみ

わさび

ツン《つん》と はなに
ぬける からさ。
すりおろして つかう。

しょうが

かおりが つよい。
たべると からだが
あたたまる。

からし

カラシナ《からしな》の たねの
こなを おゆで ねった、
からい ちょうみりょう。

しょうがの たべかた

ほそながく
きったものを
「はりしょうが」
と いう。

ごま

「ごま」と いう くさの たね。
あぶらを おおく ふくむ。 かおりが よい。

くろごま

しろごま

きごま

ごまの たべかた

ねぎ

こまかく きざんで つかう。
かおりと からみが でる。

しそ

すがすがしい かおりが
つよい こうそう。
「おおば」とも いう。

さんしょう

さんしょうの きの
わかばや み。
ピリリ《ぴりり》と しびれる。

パセリ《ぱせり》

しょくよくを ます
さわやかな かおり。

にんにく

きょうれつな かおり。
きざんで いためると
えいようも
かおりも ます。

ほうちょうの
はらで
つぶす。

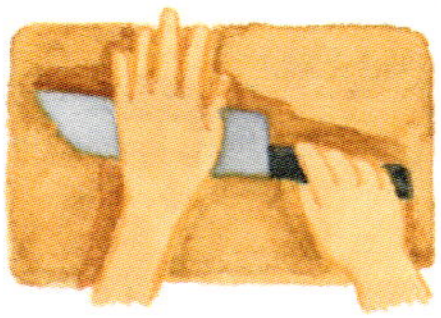

みょうが

さっぱりとした
しげきが ある。

とうがらし

いたいような からさ。
からさを たすのに
つかう。

とうがらしを つかった ちょうみりょう

いちみ

とうがらしの みを
すりつぶした こな。

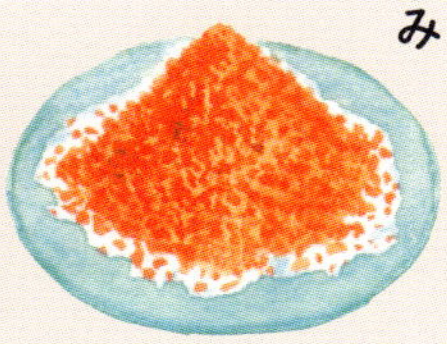

しちみ

いちみに いろいろな
こうしんりょうを
まぜたもの。

おうちのかたへ

薬味には、150～151ページで示したもののほか、ゆずなど柑橘《かんきつ》類の皮や果汁、辛みのある大根おろしなども使われます。古くから刺身にわさびやしょうがが、しそなどを添える習慣があるのは、おいしさに加え、これらの野菜に防腐・殺菌効果もあることが知られていたためです。

定番となっているうなぎのかば焼きと粉ざんしょうの組み合わせは、すっきりした香りと辛みでうなぎの脂っぽさや泥臭さを消すほか、さんしょうが胃腸の働きを高め、胃もたれの予防に役立つからとも言われています。天ぷらに添える大根おろしも、消化を促進し、胃の負担をやわらげるのに役立ちます。

つくった りょうりを ならべると、にぎやかだね。
かぞくや ともだちを まねいて パーティー《ぱーてぃー》を してみよう。
いっしょに たべると おいしいよ。

やってみよう

パーティー《ぱーてぃー》を しよう

おうちのかたへ

この絵じてんでは、子どもに身につけてほしい料理のことばを紹介し、解説しています。ここでは、料理と食事をより楽しく有意義にするために保護者の方に知ってほしい知識を紹介します。

食べることが子どもの成長と健康の基本

私たちの生命は、ものを食べることによって保たれています。しかし人間にとって「食」は、生命の維持や身体の育成に必要なだけでなく、豊かな感性を育む大きな原動力にもなっています。

食育は、教育の三要素といわれる知育（知能を育む）・徳育（道徳心を育む）・体育（健やかな身体を育む）の基礎をなすものと位置づけられ、健全な食生活を実践できる人間を育てることを目指すものです。

食育を推進するために、二〇〇五年には「食育基本法」という法律ができましたが、その背景には、近年の日本の食生活をめぐる環境のさまざまな変化に伴い、毎日の「食」の大切さが軽視される傾向になってきたことなどがあります。

とくに子どもの健やかな成長には、一日三食、栄養のバランスが取れた食生活が欠かせません。なかでも朝食は、一日を元気にスタートさせるために、きちんと取りたいものです。早寝、早起きをして、朝食を食べることで、規則正しい生活のリズムが生まれます。朝食を欠かさない子どもほど、学力や体力が優る傾向にあるという調査報告もあります。

育ち盛りの子どもには、おやつも必要ですが、食べ過ぎや夕食間近のおやつは禁物です。また、「三つ子の魂百まで」ということわざがあるように、人間の味覚はまさに幼少期に形成され、一生の味覚嗜好を左右します。人工的に化学合成された食品添加物はなるべく避けて、食材本来の味を生かした食事やおやつを食べさせたいものです。

食事や料理は子どもの社会性と自立を育む

核家族化が進んだ現代の日本では、大家族でにぎやかに食卓を囲む風景は失われつつあります。そして「孤食」ということばが生まれるほど、一人で食事をする子どもが増えてきているようです。

家族が顔を合わせ、同じものを食べる食事の場は、貴重なコミュニケーションの場です。例えば夕食時に、今日のできごとを報告し合い、食卓の料理を話題にすることで、食欲もいっそうわいてくるでしょう。

食事の場は、子どものしつけの場でもあります。食材や料理を作ってくれた人に感謝の気持ちを込めて、「いただきます」「ごちそうさま」と言うことや、おはしや食器の正しい持ち方や食事のマナーを教えることは、子どもの社会性を培うことにつながります。しかし、毎日、口うるさく注意してばかりいると、せっかくのおいしい食事が台なしにもなりかねません。食事のマナーは、成長に応じて少しずつ身につけさせましょう。

子どもには、食事の準備や後片づけを手伝わせることも心がけたいものです。サヤエンドウの筋を取ったりゴマをすったりというような火を使わない調理の手伝い、テーブルふきや料理運び、食器洗いなど、できる範囲でかまいません。自ら体を動かして手伝うことで、料理を作ったり後片づけをしたりすることの大変さを実感できるはずです。また、自分が料理に関わったという誇らしい気持ちから、食事がよりおいしく感じられるかもしれません。

また、買い物はぜひ子どもと一緒に出かけましょう。肉や魚、野菜の種類、季節ごとに出回る旬の食材を知ることが、「食」への関心を高めることにつながります。

自然や気候とともにある日本の食文化

四方を海に囲まれ、山地面積が国土の約4分の3を占める日本は、海の幸、山の幸に恵まれています。和食のベースとなる「だし」は、鰹節や煮干し、昆布など、おもに海産物に支えられています。昔は冷蔵・冷凍技術がなかったので、海産物を内陸部に運ぶために、塩漬けや干物・乾物にする加工・保存技術が発達しました。

和食の基本は「一汁三菜」といわれます。主食である米飯を中心に、汁物一品、おかず三品（肉や魚などの主菜一品と、煮ものやお浸しなどの副菜二品）で構成される献立です。米飯はエネルギー源となる炭水化物を、汁物は水分や塩分を、おかずはタンパク質やビタミンをというように、バランスよく栄養を取ることができます。

魚介類や野菜が中心の和食は、欧米の肉食文化に比べて低脂肪、低カロリーなので、健康的な食事として、世界からも注目されています。

さらに、季節の移ろいを表現した料理や、節句にちなんだ伝統食など、自然の恵みである食べ物と年中行事が深い関わりを持っています。このような日本の食文化は、二〇一三年にユネスコの無形文化遺産に登録されました。

また、7章で紹介しているように、和食では、豆腐や納豆、みそやしょうゆなど、大豆の加工品が多く使われています。豆腐は良質の植物性タンパク質が豊富で、ビタミンやミネラル類も含まれています。低カロリーで消化吸収率も高い健康食品です。

日本の食文化には、納豆や漬物、鰹節などの発酵食品も欠かせません。みそ、しょうゆ、酢、みりんといったおもな調味料も全て発酵食品です。微生物の力を利用して作る発酵食品は、チーズやヨーグルトなど世界各地にもありますが、高温多湿の日本は、微生物が生息しやすいために、豊かな発酵食文化が花開いたのです。

旬の食材で四季を味わう日本の食事

日本は南北に長く、四季折々の自然に恵まれた島国です。野菜や果物、魚介類など、季節ごとに旬の食材を使った豊かな食文化が育まれてきました。

近年は、ハウス栽培によっておもな野菜は一年中出回っていますし、輸入食材も増え、食べ物の季節感が薄れています。しかし、旬の食材は、栄養が豊富で味もよく、多く出回るので経済的な負担も比較的軽くすむというメリットがあります。

春先に出回るセリやふきのとう、うど、たらの芽など山菜を中心とする食材は、あくが強くほろ苦いものが多く、冬場に体内にたまった毒素を追い出す効果があるとされています。

また、きゅうりやなす、トマトのように夏が旬の野菜は、体を冷やす効果があるものが多く、大根やゴボウ、いも類のように秋から冬にかけてが旬の根菜類は、体を温める効果があるものが多いという特徴があります。旬の食材を取り入れることは、体調管理の面でも合理的なのです。

日本には、お正月の雑煮やおせち料理、端午の節句のちまきやかしわ餅、冬至のかぼちゃ料理のように、行事のときや祝日に食べる伝統食があります。とくに行事食には、家族の幸せや健康を願う意味が込められています。春のたけのこご飯、秋の栗ご飯といった季節色あるご飯料理も、食卓を豊かに彩ってくれます。忙しくてできあいの料理しか準備できない場合でも、パックから器に移し替えるだけで食卓の雰囲気は変わり、子どもの感性に影響を与えると思います。

魚介類や野菜には、地域独特の食材や食べ方があります。カタクチイワシを、東北や関東ではヒシコやシコ、関西ではカエリと呼ぶように、地域によって呼び名が変わる魚もあります。このような郷土料理や地域色のある食の伝統も引き継いでいきたいものです。

たべものが いちばん よく とれる じきのことを しゅん と いいます。
しゅんの たべものは えいようが おおく、あじも おいしいです。
ちいきの きこうなどの ちがいで、じきが ちがうことも あります。

たべもののしゅん

はる
たけのこ
いちご
じゃがいも
たまねぎ
そらまめ
さやえんどう
たい
かつお
キャベツ《きゃべつ》
はまぐり
あさり
ふゆ
ほうれんそう
かぶ
こまつな
ごぼう
みかん
だいこん
たら
はくさい
ぶり
かに

さくいん

りょうりの ことば

たべものの ことば

こども りょうりのことば絵じてん
2017年4月30日　初版発行

内容指導 ────── 佐藤秀美
（学術博士（食物学）・栄養士）
装丁 ────── 大薮胤美（フレーズ）
本文デザイン ────── 福田礼花（フレーズ）
表紙立体制作 ────── 仲田まりこ
イラスト ────── 磯村仁穂、井上朝美、
オオイシチエ、鴨下潤、
くるまざきのりこ、ジャンボ・KAME、
ふじもとあきこ、冬野いちこ、rikko
撮影 ────── 上林徳寛
校正 ────── 有限会社くすのき舎
編集協力 ────── 野口久美子、船木妙子、山畑泰子
編集・制作 ────── 株式会社 童夢

参考文献
『改訂 調理用語辞典』調理栄養教育公社／『料理なんでも事典』集英社／『知れば知るほど なるほど、料理のことば』幻冬舎／『はじめての料理のことば』アスペクト／『クッキング前に知っておきたい 料理のことば』PHP研究所／『料理のことばがわかる本』日本放送出版協会／『下ごしらえと調理テク』朝日新聞出版／『ベターホームの お料理一年生』ベターホーム出版局／『旬を味わう 魚の事典』ナツメ社／『からだにおいしい野菜の便利帳』高橋書店／『からだにおいしいフルーツの便利帳 』高橋書店／『料理のきほん』池田書店／『調理のためのベーシックデータ第4版』女子栄養大学出版部／『おいしくなるコツが身につく! 料理のきほん』西東社／『基本がわかる! ハツ江の料理教室』NHK出版／『料理図鑑』福音館書店

こども りょうりのことば絵じてん

2017年4月30日　第1刷発行

編　者　　三省堂編修所
発行者　　株式会社 三省堂　代表者 北口克彦
発行所　　株式会社 三省堂
〒101-8371 東京都千代田区三崎町二丁目22番14号
電話　編集（03）3230-9411　営業（03）3230-9412
http://www.sanseido.co.jp/
印刷所　　三省堂印刷株式会社

落丁本・乱丁本はお取り替えいたします。

ISBN 978-4-385-14322-4〈りょうり絵じてん・160pp.〉